●はしがき●

暗記やドリルをばかにしては，「学ぶたのしさ」が半減してしまいます。それなのに，ドリル・暗記について堂々と論じ，その具体的な方法を紹介しているものがほとんどない。──ということで本書の出番となりました。さて，「たのしくドリル・マッキーノ」というタイトルをみて「ドリルはわかるけどマッキーノって，なに？」と首を傾げた方いらっしゃいませんか？　マッキーノとはビンゴゲームの要領で暗記をしてしまうという，驚異のドリル学習法です。「子どもに大好評！」というのが，何よりすごい！

もちろん，各種ドリルのプラン・実践が満載。すべて実践して評価されものばかりです。

さまざまなドリルの実践については，6～82ペ
すぐにつかえる計算ドリルは，83ペ
マッキーノをすぐにでも知りたい方は，102ペ
すぐ使えるマッキーノリストが欲しい方は，106ペ
ドリルの基本「暗記」についての論文は，186ペ

へとお進みください。しかし，まずは細かい内容を知りたい！……というかたは，このページを繰って目次へどうぞ！

＊主に『たのしい授業』創刊号～No.298に掲載されたものの中から，「ドリル」について集め，再編集しました。

「たのしい授業」編集委員会

たのしくドリル・マッキーノ もくじ

子どもが楽しむドリルってあるんだね…… 町屋恵子 70
●笠井式ドリルはおすすめです
ドリルって「いやなもの」と思っていました。でも，伊藤恵さんの算数の授業を見て，ガ～ンと頭を叩かれるようなショックを受けたのです。ドリルに開眼しました！
〔抄録〕計算ミニテストのやり方（伊藤 恵）

たのしいほうが…………………………………………………………… 佐藤由紀 82

計算ドリル …………………………………………………… 笠井正之 83
10までのたし算(84ぺ)／くりあがりありのたし算(88ぺ)
10までのひき算(92ぺ)／くりさがりありのひき算(96ぺ)

ドリル関連記事情報・その1 ……………………………………………… 100

3 マッキーノをやってみよう―― 教科書料理ビンゴ

マッキーノとは …………………………………………… 牧野英一 102

教科書用ビンゴ（マッキーノ）中学理科，私のやり方 ……………… 由良文隆 106
●中１～３理科の用語と解説付
教科書の重要用語を，マス目に書いてもらってビンゴ！この予習が楽しくテストの点数も上がってみんな幸せ。

日本歴史人名マッキーノ ……………… 近藤浩一 編集：牧野英一 126
●古代～江戸編／江戸～明治編

楽しんで覚えた方が身につく …………… 出口陽正 131
●数学マッキーノの試み
漢字の話は聞くけれど，数学でやったらどうなるか。まず「用語」の選定がむずかしい。しかし好評。テストも90点以上があたりまえに。そして思いがけない感想文も。

自習もマッキーノで ………………………………………………… 福本陽子 142

4 ゲーム感覚でドリル―― 漢字・部首・人名・誕生日

心を入れ替えて 漢字マッキーノ ………… 高橋俊文 144
●小学校高学年でも楽しいドリルは可能
低学年では自信が持てた。でも高学年には向かないと思い込んでいた。考え直すキッカケは「子ども中心の授業」という言葉。やってみたらば高学年でも十分。漢字マッキーノは学年を問わず歓迎され，目に見える効果あり。

改めてマッキーノ……………………………………………………… 長澤弘明 159

＊著者の勤務先や本・グッズなどの値段は雑誌掲載当時のものです。

たのしいドリル1
理科・社会・英語

こんな宿題なら喜んでくれるかも

●家族で楽しめる，「絵カード分類ドリル」「手品」などの宿題

（初出No.254，02・6）

宮原翔子さん（中２）
の書いた絵

小原茂巳　東京・羽村市羽村第二中学校

僕は，基本的には「宿題」には反対です。嫌いです。僕自身，〈無理にやらせられた，強制・義務としてやらされた宿題〉に，イイ思い出はまったくないからです。

でもときどき，「あっ，これ，宿題にいいな」と思って，宿題を出すことがあります。それは，「あー，これはおうちの人と一緒にやるとたのしいかもしれないな。子どもたちが家族の前でいい気持ちになれるかも。しかも，ちゃんとした復習にもなるなー」と思えたときです。それでも，たいていは〈義務ではなく，やりたい人だけがやってくる〉というようにしています。

●《背骨のある動物たち》絵カード分類ドリル

つい最近では，「《背骨のある動物たち》絵カード分類ドリル」を，宿題に出してみました。

このドリルは僕が作成したもので，簡単に言うと，授業書《背骨のある動物たち》がすべて終わった後に，ミニ絵カードを使って，もう一度，授業書の流れ（分類）を復習しちゃおうというものです（絵カードと分類用台紙は14～15ぺ）。ヤモリ，ヘビ，トカゲ，カメ，イモリ……などの36種の動物カードを手に持って，それらを，①「背骨があるか，ないか？」→②「卵をうむか，どうか」→③「卵に固いカラがあるか，どうか？」→……と次々に分けていき，最終的には「哺乳類」「は虫類」などに分類するのです。授業では，〈絵カードの切り取り〉と〈分類ごっこ〉でほぼ１時間を要します。

僕は，授業中に子どもたちがワイワイ笑顔で「カメは背骨があったっけ？」「コウモリは卵を産むのかな？　赤ちゃんなのかな？」などと〈分類ごっこ〉をたのしんでいる様子を見て，「そうか，このミニ絵カードは家の人も楽しんでくれるかもしれないぞ。それに，答えを知っている子どもたちが，家の人の前で答えを発表するときイイ気持ちになれるかもしれないなー。子どもたちにとってもイイ復習にもなるしなー」と思い立ちました。

こういう「宿題」を思いついたときは，胸がワクワクしてきます。だって，子どもたちや家の人の笑顔が予想できるからです。そして，その報告を子どもたちから聞くとき，僕自身がシアワセ気分になれるじゃないですか。

さっそく，子どもたちに次のように話しました。

「家で誰かをつかまえて（笑い），この〈絵カード分類ごっこ〉をやってもらってごらん。お母さん，お父さんでもいいし，おばあちゃんでもいい，お姉ちゃんでもいいね。小学生の妹や弟なんかも喜んでくれるかもしれないよ……。

もし，家族でたのしめたのなら，そのレポートを書いてきてくれるとうれしいな。絵日記風のものでもいいし，一言メモでもいいし，お家の人や自分の感想文でもいいし……きらくにレポートしてきてください。

これは宿題といっても〈シール宿題〉です。やらなければいけないという義務はありません。やりたい人だけがやってくる宿題です。やってきた人には動物シール*を貼ってあげまーす」

＊動物シール：ぶんけい学習シールの「アニマルシリーズ」(No.106)を愛用していました。現在は売っていないのですが，似たようなものに「アニマルシリーズ」(No.495，左下の５つ）と「プチアニマルシリーズ」(No.503，右下の５つ）があります。それぞれ200枚入（25種類×８枚）で200円。教材屋さんで手に入るでしょう。

●たのしい宿題報告記

さて，何人ぐらいの子どもたちがこの「宿題」をやってきてくれたでしょうか？　きっと，つまらないと思ったら誰もやってこないでしょう。だって，この宿題は義務ではないのですから。僕は，各クラス（約32人）３～４名の子どもたちがレポート（感想文）を提出してくれるだろうと予想しました。もし結果がそうであったなら，僕は大満足です。

そして，その結果は……ジャーン！　うれしいことに，各クラス４～６名の子どもたちがレポートを持ってきてくれました。しかも，とても楽しいレポートばかりでした。

――――田中美沙さんとお母さん

田中美沙さんは，夕食後，お母さんにやってもらったそうです。「先生，お母さんにやらせたよ。そしたら，最初からひっかかっていたよ。お母さん，あせっていたよ（笑い)。でも，最後には〈これ，おもしろーい〉と言って喜んでいたよ。それで，私，お母さんに感想文を書いてもらっちゃった（笑い)」と言って見せてくれたのが，次の感想です。

なつかしい理科の勉強をたのしめました。最初の無，有セキ

ツイ動物の所でひっかかってしまいました。わかっているようでわかってない問題でたのしく勉強できました。(美沙の母より)

――山田高弘君とおばあちゃん

山田君は，夕食後におばあちゃんを〈動物カード分類ごっこ〉に誘いました。おばあちゃんは喜んでつきあってくれたということです。その後，山田君は，おばあちゃんに「感想文を書いて」とお願いしたのですが，「わたしは字が書けないよ」と断られたのだそうです。それで，高弘君は，おばあちゃんにかわって「おばあちゃんの気持ち」を書いてきてくれたのでした。

じつは，高弘君本人も字を書くのがとても苦手です。漢字もほとんど書けません。そんな山田君のひらがなだけのレポートでしたが，僕にはうれしいうれしいレポートでした。

おばあちゃんと孫の山田君が一緒に動物カードを分類している姿を想像すると，僕の顔はニマーっとゆるんでしまいます。

★おばあちゃんのかんそう

まごのたかひろが「おばあちゃん，たのしいかがくのべんきょうをしよう」といいました。そこに，いろいろないきものがありました。

せぼねのないいきものをわけるのはたいへんでした。せぼねのあるいきものは22しゅるいありました。そのつぎに，たまごがないかどうか，くわけするのに，とてもたいへんでした。

でも，まごといっしょにべんきょうできるなんてとてもうれしいことでした。せんせいほんとうにありがとうございました。

★ぼくのかんそう（山田高弘）

ぼくもおばあちゃんといっしょにやったけど，とてもむずかしかったです。なんどもなんどもやっているのですが，すぐにはずれてしまいます。また，なんどもなんどもやりたいです。

おばあちゃんがとてもよろこんでいるのがうれしかったです。

ここで，ぼくのとくいのはいく――

・いきものは　そまつにしては　いけないよ

・おばらせんせい　おばあちゃんにも　にんきもの

・せんせいは　にんきものだよ　うらやましい

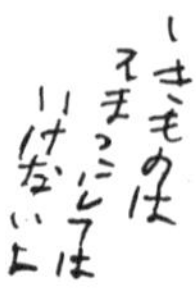

（読みやすくするために句読点を小原がつけました）

――藤谷あやなさんと，小学６年生と３年生の弟

私は，弟のたかやとまさやにやらせました。そしたら，やっぱり最初から間違えていました。でも，はまぐりとかの貝類が背骨があるかどうか自分が迷っていたものを弟たちがスムーズに分けていたのには驚いてしまいました。

こうもりも卵でうむのではなくて赤ちゃんでうむと知っているようでした。たかやはイモリとヤモリを無せきつい動物に入れていました!!

でも，私はちゃんとやさしく説明できました。ちょっとエラそうにしちゃったけど，でも弟たちに分かってもらってうれしくなりました。

（藤谷あやな）

――宮原翔子さん，絵日記風レポート（絵は51ぺに掲載）

今日，私はこのドリルを二人の人類にやらせてみた。

一人目・母のケース。最初から間違えた。ヘビには背骨が無いと判定。脳の老朽化が進んでいるようだ（ごめんなさい。いい母なのに……）。

二人目・兄のケース。完ペキパーフェクトである。さらに，無セキツイ動物までわけ始める（節のあるなし）。最終的には，水中にいるものとそうでないものに分類された。しまいにゃ，ウニがかわいいと賛美しはじめた（にっくき兄！　しかし，さすが私の兄だなー。笑い)。

父もその場に居合せていたが，ニヤニヤ笑っているだけであった。やらなくてもパーフェクトなのはわかっている（ということにしよう。笑い)。ハゲてはいるが，脳まではツルツルではないのだ。

★わたしのかんそう

「えっ！？　オレってセキツイ動物だったん!?」

――木水彩郁さん，絵日記風

10月24日（火)。今日は「ミニ絵カード分類ドリル」を僕の弟にやってもらった。で，約10分後――悩みに悩みぬいた弟の答えの結果はなんと…パーフェクト!! だった。とさ……（僕は何匹かまちがえたのに……)。

――近藤祐一君と小学４年の弟

次の近藤祐一君は，小学４年生の弟と一緒に分類をたのしんでくれました。弟と祐一君本人の感想文を紹介します。

★（近藤拓也　小４）むずかしかったです。でも，これをおぼえれば中学にゆくときにらくだと思いました。中学のべんきょうができてうれしいです。

★（近藤祐一　中２）弟はイモリとヤモリのちがいがわからなかったようなので教えてあげました。先生に教えてもらったように「イモリは井戸を守るから（井守)，ヤモリは家を守るから（家守)」と教えました。弟は僕のことを「すごい」と思ったようでした。僕は気持ちよかったです。

はじめこの勉強は，弟はとても悩んでいましたが，でもだんだんとてもたのしそうにしてきました。この勉強を弟に教えてあげて，僕も弟もとてもよかったと思いました。

●「かたつむりの手品」の宿題

僕は，義務ではなく，やってきた人にシールをはってあげる「シール宿題」をたまに出しています。つい数日前にも，手品「変身かたつむり」のシール宿題を出しました。

教科書の授業で子どもたち（と僕）が退屈してきた時に，気分転換のつもりで，僕はこの手品を紹介しました。ティッシュを使う簡単な手品です。時間は，「手品の披露」→「種明かし」→「家での手品のやり方の説明・注意」で10分間もあれば十分です。

子どもたちに驚いてもらったあと，僕は，「さぁー，これは誰でもできるので，今度はみんなが今夜，家の人にやってあげましょう。驚かしてみましょう」と子どもたちにススメてみたのです。

そしたら，さっそく，翌日，子どもたちからたのしい「宿題レポート」が集まってきました。ここでは，その中の二つだけを紹介しましょう。

――木水彩郁さん，絵日記風

今日は先生に教わった「カタツムリのマジック」を弟に見せた。――で，結果は不覚にも簡単にバレた。くやしいから「今度はもっと練習して親を驚かせよう」。

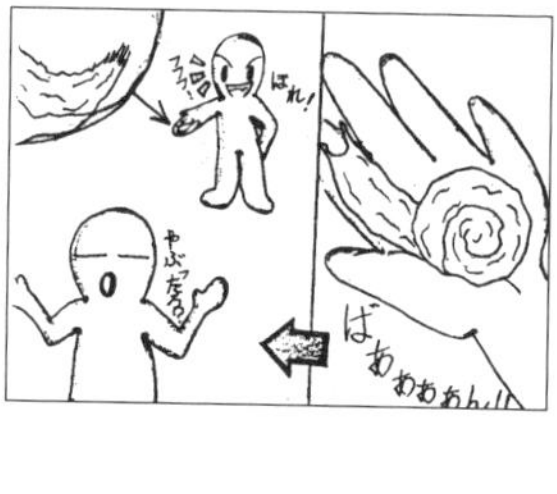

――高橋萌さん，絵日記風

今日，「かたつむり」を家族にみせた！！ いつもみぬくおやじが，みぬかなかった！！ 私は天才！？ 超 Happy よ♥

「絵カード分類」も「変身かたつむりの手品」も，レポートを読むと，家族で「宿題」をたのしんでくれた様子が伝わってきます。僕は，「あ～，こんな宿題なら喜んでくれるんだー。よかったー！」と思いました。

●教科書の「シール宿題」

ところで僕は，ときどき，〈子どもたちや親が喜んでくれそうもないこと〉でも「シール宿題」に出すことがあります。それは，教科書の授業のときの「復習」問題です。子どもたちの中には，テスト対策のために，家で復習をする子どもたちがいます。そんな子どもたちに，「どうせやるならココをやるといいよ」というところを教えてあげたいのです。

「今日やった授業の内容を，今夜復習したい人は，この問題集の８～９ページをやるといいよ。僕のオススメです。やってきた人には，今度の授業の始めに〈動物シール〉を貼ってあげます！」

これが，子どもたち，結構やってくるんだよなー。教室の半数近くがやってきちゃうんです。家での勉強なんて大嫌いだった僕にしてみたら，驚きです。子どもたちに感心してしまいます。

僕は，「すばらしいね！　よく勉強をやってきたね！」「えらいねー！」などと言葉を発しながら，子どもたちに「動物シール」を貼っていくのです。中学生たち，（シールを）結構喜ぶんだよねー。おもしろいね。

分類用台紙は次ぺに，「絵カードは」15ぺにあります。いずれも縮小してあるので，Ｂ４サイズに拡大して使います（約200％の拡大）。色画用紙などに印刷してあげると，子どもたちは喜ぶでしょう。なお，絵カードの絵は，以前受け持った菅原由美子さん（当時中１）が書いてくれたものです。

答えは次の通りです。ほ乳類：クジラ，コウモリ，サル，ヒト，ネズミ，ライオン／魚類：ウナギ，サケ，タラ，トビウオ，メダカ／両生類：カエル，イモリ／は虫類：ヘビ，トカゲ，ヤモリ，カメ，ワニ／鳥類：アヒル，ペンギン，ウズラ，カラス。

《背骨のある動物たち》ミニ絵カード分類ドリル

やり方

1．まずミニ絵カードを一番上の□の中に積み重ねましょう。
2．①（背骨があるか，ないか？）の指示に従って，絵カードを２つに分類し，すぐ下の左右の□に積み重ねましょう。〈ヒントの数〉と〈絵カードの数〉が一致しましたか？
3．以下，この手順で，②③④⑤の指示に従って，絵カードを次々に分類していきます。
4．網かけした▨の５カ所が，全て正解だった場合，あなたは見事合格です。

36種類の動物たち

①背骨があるか，ないか？

- 背骨のない動物（無セキツイ動物）ヒント．14種類
- 背骨のある動物（セキツイ動物）ヒント．22種類

②卵をうむか，どうか？

- 卵を産む　ヒント．16種類
- 赤ちゃんでうむ　ヒント．６種類 → ほ乳類

③卵に固いカラがあるか，どうか？

- 卵にカラがない　例：カエル　ヒント．７種類
- 卵にカラがある　例：ニワトリ　ヒント．９種類

④えら呼吸か肺呼吸か？

- えら呼吸　ヒント．５種類 → 魚類
- 肺呼吸（子の時はえら呼吸）　ヒント．２種類 → 両生類

⑤体温が一定か変わるか？

- 体温が変わる　うろこがある　ヒント．５種類 → は虫類
- 体温が一定　羽毛がある　ヒント．４種類 → 鳥類

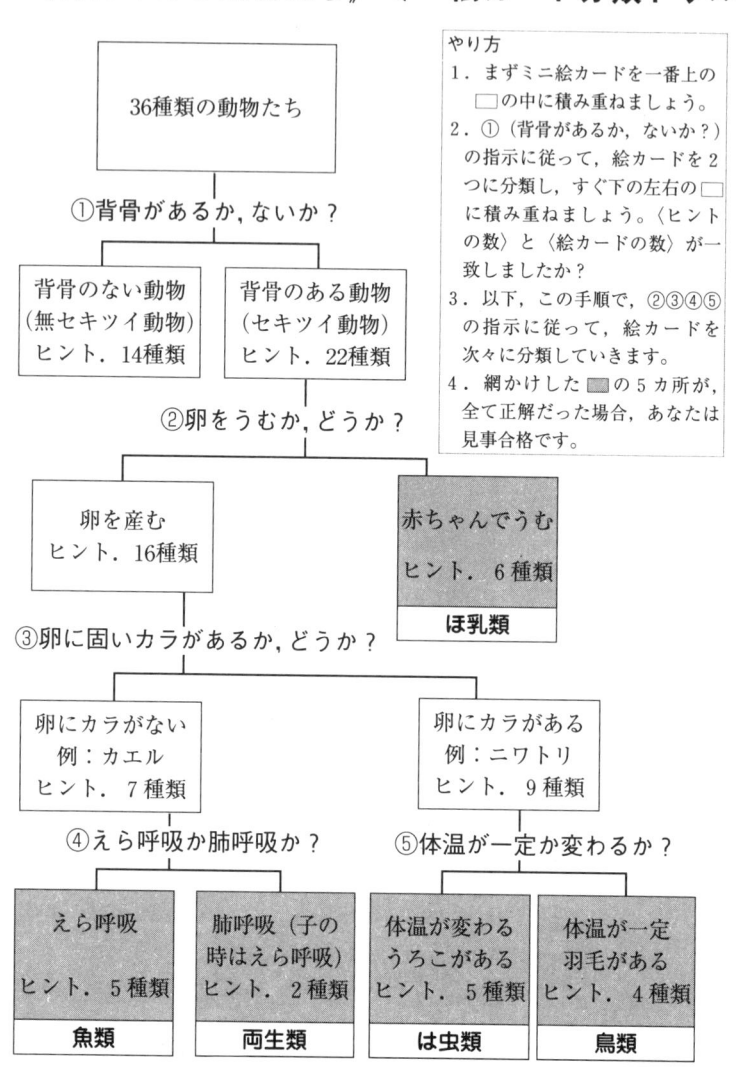

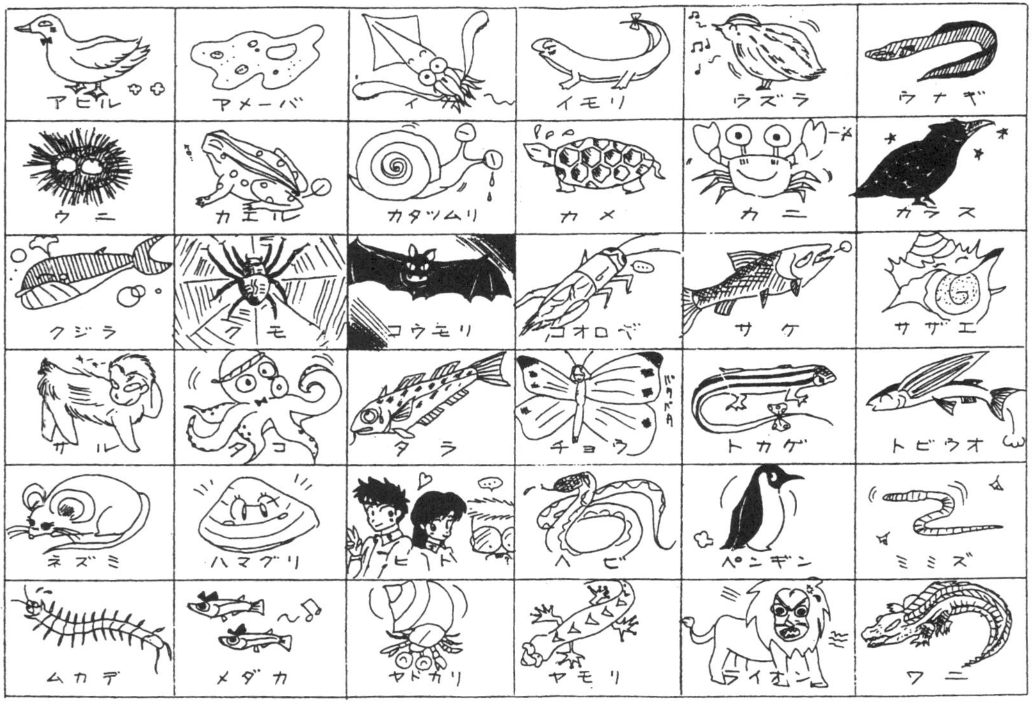

せぼねのある動物たち

絵　菅原由美子

（初出No.58，87・12）

カードで覚える　でるカード

東京・足立区伊興中　長谷川智子

定期テスト前になると，通称「でるカード」を生徒に配ることがあります。

これは，上質紙（Ｂ４判）を図のように30マスに区切り，覚えておくとよい問題を１マスごとに１問ずつ書いて印刷したものです。

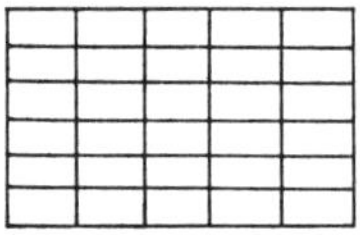

生徒に配るときには，解答もいっしょに渡し，各問題の裏に答えや要点を書きこんでもらいます。それを切りはなして，カードとして使うのです。つまり，単語帳のようになるわけです。問題のなかには，公式や計算問題も入れておきます。

予想外の好評

実は，このカードは苦しまぎれの作――のようなものだったのです。というのも，私は学期を通してずっと仮説実験授業をやっていたわけですが，定期テストの中身は教科書からでる学年の共通問題。そこで，〈ほとんど授業で教えなかったところなども，一応このカードに入れておけばなんとかごまかせる〉と考えたのです。

そういう，かなり手前勝手なきわどい目的があったのですが，予想に反して「また，作ってほしい」という生徒の声。教えていないクラスの子からも，「あの カードを もらえないか」と言われて驚きました。

学期の終わりに１年間の感想アンケートをとるとき，この「でるカード」がためになったかどうかを５段階評価で聞いてみました。結果は，およそ95％の子が４と５で，大いに利用して役立ててくれたようです。ためになったと答えた子の理由は，「成績が上がった」「評価は５以上，問題集よりよっぽど役に立った」などでした。また，２とか３をつけた子は，「カードは使わなかったので」と書いていました。

ウワサがウワサをよんだのか，先日，図書館で授業記録を書いていたら，教えていないクラスの子から「それやると点数が上がるんでしょ？」

と，とんでもない誤解をされたほどです。

＊

考えてみると，テストで点数をとるためには，テスト範囲の暗記事項や問題の解き方を覚えていれば良いわけです。覚える内容が定まっていれば，くり返し練習すればいいことになります。ただただ「教科書の○ページまで」と言われても，何十ページもあったりすると，それだけで気が遠くなります。でも，この紙1枚分覚えればよいのなら，焦点がだいぶしぼられるわけです。

もちろん，これだけで十分ってわけではありませんが，「理科なんて苦手」というような子だったら，こんな方法でやると，ずいぶんとっつきやすくなるんじゃないでしょうか。

ただし，同学年の他のクラスの子たちから，「あの先生はテスト問題を教えている」と，ひがまれることあり？？

＊ワンポイントアドバイス

はじめに上質紙に折り目をつけておき，それにあわせてファックス原紙にマス目の線を引きます。次に，ファックス原紙の印刷できる範囲に問題を書いていきます。いくマスかは，白紙にして自由に使ってもらっていいです。

一度作っておくと，同じ学年を教えるとき，また使えて便利。

「でるカード」問題実用例

① 燃焼 鉄＋酸素 ──→ □ もえたあと重さは？	⑦ (でる) 化合 鉄＋硫黄 ──→ □	⑬ 分解 酸化銀 ──→ [a] ＋ [b] （加熱）
② 燃焼 マグネシウム ＋酸素 ──→ □ もえたあと重さは？	⑧ 化合 銅＋硫黄 ──→ □	⑭ 物質そのものが変化して 別の種類の物質になる変化 （化合や分解もこの変化です）
③ 燃焼 炭素＋酸素 ──→ □ （木炭 炭）	⑨ 2種類の物質が結びついて 別の新しい物質ができる変化 A ＋ B ──→ C	⑮ 温度の変化によって，物質が 固体，液体，気体と変化する 変化

（初出No.289，04・12）

☆楽しいですよ！☆

モルカ団体戦

北村知子

群馬・下仁田中学校

百人一首は時間がかかる……

今年の年始めの学活に，お正月気分を味わおうと「百人一首」をやってみました。「百人一首」を初めてやる中学1年生は，上の句を聞いて下の句をとるということが，なかなか分からず，最初のうちは，だいぶとまどっていました。おまけに，歴史的かなづかいが分かっていないし，100枚もあるし，とるのにすごく時間がかかりました。

同じ上の句を聞いて下の句をとるなら，「モルカ」（分子カルタ，『ものづくりハンドブック6』仮説社，参照。税込1575円，仮説社で販売）が楽しいに違いないと思いました。実はこのときの1年生は《もしも原子がみえたなら》をやっていなかったので，果たして楽しめるか不安もありましたが，やってみることにしました。

中学生はさすがに覚えるのが早く，2～3回でだいぶ上の句と分子が描いてある絵札とが対応してきました。「マッチ箱……」と読んだだけで「リン原子」の絵札に手が伸びます。1時間，4～5回やったらほとんどの子は，自分の得意カードを決めてとるようになりました。

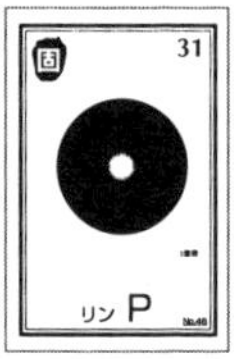

最初の1文字で手が動く！

そこで，次の時間から団体戦でやることにしました。

クラス人数の都合で2～3人のグループにしましたが，チームで協力して楽しんでもらうことができました。しかも，この団体戦が楽しいらしく，生徒たちのリクエストで，3学期の道徳・学活の時間は特別なことがない限り，ずっとモルカ団体戦でした。勝ったチームがいろいろなチームを渡り歩く方式で，相手を変え，1時間の間に何度も試合が楽しめました。

3学期も半ばを過ぎると，ほとんどの子どもたちがほとんどのカルタの文面を覚えてしまい，最初の1文字を読んだだけで，手が動くようになりました。絵札と文もよく一致しており，本当に感心しました。

団体戦の方法

群馬県には「上毛《じょうもう》カルタ」というカルタがあります。これは，群馬県の名物・有名人・都市名などが詠み込まれています。群馬県人のほとんどは，「あ」と言えば「あさまのいたずら　鬼のおしだし」，「い」と言えば「伊香保温泉日本の名湯」とパッと読み札の文が出てきます。育成会等で小さい時からずっとやっているから，定着率はすばらしいものです。小学生から大人まで，群馬県人ならみんな知っています。

この上毛カルタは，たいていは3人組の団体戦です。だから，3人で協力して札をとっていくのが楽しいのですが，そのほかに，「役札があって，一発逆転をねらえる」ということも楽しさの要因になっていると思います。上毛三山を詠んだ「す」「も」「の」の3枚か五大都市を詠み込んだ「お」「か」「め」「き」「け」の5枚をセットでそろえると，大量得点で逆転がねらえるのです。なので，3人組の中ではどちらかというと，どんくさいような子はスピードで大量得点をねらうのではなく，とにかく役札を1枚でも敵に渡さないため，とにかく役札のみをじっと守るという戦法で行くのです。すると，枚数をかせぐ子，役札を守る子という役割分担で勝利に貢献できるのです。

今回，モルカでも，私は上毛カルタのような役札を考えてみました。

まず，「赤パンツセット」。これは「水素分子」「酸素分子」「水分子」「氷」の4枚で一挙にプラス20点というものです。1枚1点で計算していますが，この4枚をそろえると20点もプラスにできるのです。

それから，「毒ガストリオ」。読み札の文がいかにも毒だよ～と言っているような「一酸化炭素」「サリン」「ダイオキシン」の３枚で，この３枚をそろえると，自分たちの点数は変わらないけど，相手にダメージを与えられます。相手はマイナス10点されてしまうのです。「教育上よくないかな～」とも思いましたが，とりあえずそう決めました（最初は「毒ガストリオ」を揃えたチームは自分たちの獲得点数からマイナス10点としたのですが，そうすると，誰も毒ガスに手を出さなくなってしまったのでやめました）。

「赤パンツ」で始まるカードが２枚あったり，と結構お手つきを誘うようなので，お手つきした子は１回休みにしました。また，同時に複数の子の手がカルタに伸びて，誰がとったのかはっきりしない時にはそのカルタはそのまま置いておき，最後の２枚になったとき，そのカルタを取った人が全部もらえるということにしました。

以上のようなルールで団体戦をやってみました。やるほどに，読み札の文を覚えるし，一人一人に役割が決まってきて，子どもたちはとっても楽しんでくれるようになりました。その結果が，道徳や学活の時間ともなれば，「モルカをやろう」というコールになったのです。

クラスだけのお楽しみ

「モルカ」の，とくに団体戦，とっても楽しかったようで，他のクラスの子たちにどうも自慢したらしいです。それで，他のクラスの子どもたちからちょいちょい質問されることになりました。

「センセー,オレたちいつモルカやるの？」「モルカはねえ，クラスのお楽しみで学活の時間なんかにやっているからねー，理科の時間にやろうと思うと難しいんだな。１年生の理科の教科書の範囲が全部終わったらやろうか」

かくして，クラスだけのお楽しみとごととして，「１の２」の子どもたちはめいっぱい楽しんだのでした。

〔編集部注〕この他にも習熟のためのカードゲームあり。本書40，44ぺを参照。

英単語テストで 8割が80点以上をとる方法

●学年でとりくんだ「スペリングコンテスト」で
「たのしい授業」のテスト論・ドリル論を生かす

（初出No.244，01・10）

中　一夫　東京・福生第二中学校

●テストのやり方を根本から変える

2学期の終わりのこと，「前回の定期テストの成績が悪かった」ということが学年会の主な話題になりました。「まだ中1なのに，このままじゃあ，先が心配だ」……ひとしきりそんな話が出た後，「子どもたちが勉強に対して，自信と意欲をもってくれるように，学年全体で何か取り組めないか？」という話になっていきました。「ニガ手意識を持ってる子が多い英語で何か取り組みを……」ということで，具体的な案は学年の「学習担当」係のボク（理科）にまかされることになりました。実際，英語の定期テストの結果は，確かにおもわしくないものでした。

そこで考えたのが，1月に予定されている英語科主催の「スペリング・コンテスト」(英単語のテストで，事前に教えられた100題のうちから50題出して，90点以上の成績優秀者に賞状を出すもの。90点取れなかった人は，その点をとれるまで「追試」を受けることになる）で合格者をたくさん出して，自信をつけてもらおうという案でした。

さて，どうせやるなら，「確実に成果があがって，しかも，子どもにとっても先生にとっても負担にならないような方法で」と思いました。しかし，そうなると，テストのやり方や考え方を根本から変えなければならなくなりそうです。「みんなができるような（に）テストをする」のか，「みんなができるかどうかテストする」のか——後者が今までやってるフツーのテストであるわけで，実際，前回（2学期）にやったこのコンテストでは，合格者がクラスの3分の1未満という，かなりさびしい結果になっています。つまりクラスの3分の2の子たちが追試を受けたわけです。中には3回も追試をうけて，それでも合格しなかった子もけっこういました。むしろ，「合格しよう」という意欲さえなくなっているように見えました。

「中学1年生にして〈英語が苦手〉と思っている子がけっこう出てきている中，〈やっぱりわかんないんだ〉ということを確認してもしょうがないよなー」と思います。「勉強して成果があがった」というテストをしていく必要があるはずです。

「テスト」というと思い出す文章があります。板倉聖宣さんの「私の評価論」（板倉著『教育評価論』仮説社）という文の中にある「テストというもののたのしさ」という部分です。

〔テストというもののたのしさ〕

小さい子どもはたいていテストが大好きです。ところが，学校に入って間もなくすると，大部分の子どもはテストぎらいになります。それはなぜでしょうか。小さい子どもが「テストをしてくれ」「問題をだしてくれ」とせがんだりすると，マユをひそめる人がいます。いまのゆがんだ学校教育の悪い影響だと思うからです。しかし，そういう子どもたちは，なにも「早くからテストなれをしておきたい」というので，そんなことをいうのではないでしょう。テストをすると，それで自分をためして，自分の能力や進歩が確かめられるから楽しいのです。

ところが，学校にはいると，自分のペースでテストの成果をたのしめなくなります。「みんなより成績が悪い」とか「いい」とか，いつも比較されて，尻をたたかれるようになるからです。そこで，いつも圧倒的な優越感をいだけるような少数の者以外は，みんなテストをおそれるようになるのでしょう。もしも，そういう過度の競争をしいられるのでなければ，学校の子どもたちにとってもテストはたのしいものになりうるとおもうのですが，どうでしょうか。（35～36ぺ）

「テストはたのしいもの」という発想が，そもそもフツーとは正反対。また，別な文の中にあるテストのやり方について見てみても根本から違います。そこでボクが参考にしたのは，板倉聖宣さんの「テストの再発見」（『たの授』No,76）*という論文。そこにはテストに関しての考え方，やり方について書かれています。

〔以下，*印はすべて『たの授』1998年11月臨増『たのしいテスト・評価ハンドブック』に収録〕

そもそも「自分たちの進歩の度合いを確かめるためにもっとも簡便に工夫されたものがテストなのです」（同）というのですから，フツーのテストとは考え方が根本から違います。

……できれば，「これはどうだったっけ？　もう１回やってみるよ」と，実験で復習をしてほしい。それから，テストをする。これが「テスト」の基本形態。そうすると，「こんなことやったら，出来るに決まっているじゃないか！」という人がいるんですけれども，出来るに決まっているからテストをするんです。出来ないに決まっていたらテストをしちゃいけない。テストと

> いうのは定着させるための手段であって，子どもたちを測るための手段ではない。これは，仮説実験授業以外の問題でもそうなんです。おそらくは理科や社会科でも覚えておくに値する問題を選んでやって，そしてテストしたら，教科書の授業でも絶対好かれると思うんです。「テストが出来たときの喜び」というものは，何となくいやらしい感じがして，見えないのかもしれない。けれども，おそらく相当な効果があると私は思う。
> （板倉聖宣談，山田正男「〈授業の評価〉とテスト」『たの授』No.76）＊

また，小林浩行さんの「試験問題は予告・学習したままを」（同No.76）＊，「ぼくたちのテスト論」（中一夫編，同No.135）＊などには，上の考え方を実際にフツーのテストで生かしている報告があります。実際，ボクも仮説実験授業のテストやフツーの理科の授業の定期テストで，こういうテストの考え方を意識的に使っています。それで実際，理科では毎回かなり平均点の高いテストになっています。

〈スペリング・コンテスト〉も，こういう考えをもとにしたら，たのしいテストになるかもしれないと思いました。

とりあえず目標は，「半数の子どもたちが合格する」としました。ほんとは「８割合格」と言いたいところですが，ボクが個人的にやることではないので，かなり低めの確実に実現できそうな所を目標におくことにしました（けれども，あくまで〈８割合格〉を意識した計画にしました）。

そして，具体的なやり方としては，まずは「100題中から50題を出す」という従来のやり方を，「出す50題を事前に予告して，その50題ができるかどうかのテストにする」というふうに改めることにしました。全部をテストするより，大事な単語50問を確実に覚えてもらえるのではないかと思ったからです。

そして，覚える方法，勉強の方法として，『たのしい授業』で紹介されているドリルの考え方を積極的に使うことにしました（たとえば，尾形邦子「漢字は毎日ドリルと毎日テストで！」『たの授』No.99，『たのしい授業プラン国語２』にも収録)。簡単に言えば「毎日，短時間，学校で勉強する」ということ。これはつまり，毎朝，出題する50問のうち，10題ずつをドリル（練習）した上で，小テストをやるということ。さらには，練習用のプリントをたくさん渡すことで，「これを勉強すればいい」という勉強のやり方を示すこともやっていくことにしたのです。

学年の先生たちには，次のようなプリントを作って説明することにしました。こういうテストのやり方・考え方というのは，他の先生たちにとってかなり過激に聞こえるかもしれないので，できるだけ丁寧に書くことを心掛けました。

……………………………………

スペリング・コンテストに向けて（案）

■目標

スペリング・コンテストでクラスの半数が合格する（ほんとは８割合格といいたいところだけど……)。→前回の合格者は各クラス平均10人強（３割）

■テストのやり方自体に関して

「多くの子たちが合格して，英語に自信と意欲をもってくれる」ような形でテストをする必要あり。普段どおりにやったのでは，合格者はほとんど変わらない。→以下に具体的に

■取り組みの基本方針

・合格点は80点にする（８割正解しても合格でないと，学習の意欲をそぐ恐れあり。前回は90点合格)。

・100題のうち，問題に出す50題を教え，その50題を重点的に事前に練習・小テストの形で学校でドリルをする。

・問題を「共通問題」と「挑戦問題」の2種類に分け，「共通問題」で上記の50題を出題。合否はそこの得点で見る。「挑戦問題」というのも25題用意しておいて，「やりたい子（実際には100語ほとんどを勉強してきた子）だけやる」という問題も作っておく。こちらは，できた分だけ点を上乗せするという形。だから全部やると150点満点。けど，これによって，「地道にがんばってた者がかえって損をする」という批判を防ぐ。
・テスト直前に，それまでやった数種類の「ドリルプリント」（下記の「細かいやり方」参照）をすべて配り，もう一度勉強してからテストする。最低，そのために30分はとりたい。

■細かい実際のやり方・すすめ方

・練習の取り組みは，朝学活の時間（15分間），5日間でやる。本番当日は学活の1時間を使う。
・100題全部の練習テスト用のプリント（そのうち出る50題を明記したもの）と，10題用の小テストプリント5種類の計6種類のプリントをたくさん用意する。
・朝自習の時間になったら，練習用に小テスト（10題）プリントを学級委員が配布。それに単語練習をして，先生が来るのを待つ。先生が来たら，同じプリントを配布して5分でテスト。回収して班長が採点し，担任に結果を報告。結果は毎回記録する。「間違えた単語は2回ずつ書いて先生に見せる」「希望があればもう一回テストの紙を配ってテストをやってあげる」といいと思いますが，それは「やれたら」ということで。
・朝学活でテストした後，次の日のテストのプリントを終学活で配り，次の日のテストの練習ができるようにする。また，3連休前の終学活には，100題用プリントを3枚渡し，毎日練習できるようにする。本番前日にも100題用のプリントを1人数枚配る。プリントは，ほしい子には何枚でも渡せるくらいあった方がいいと思います。

■補足

・「こんなに丁寧にやったらみんな合格するのがあたりまえ」と思われるかもしれません。けれども，これだけやっても８割が合格するのはかなり難しいことでしょう。それより，「８割を合格させるということは，このくらいたいへんなことなんだ」と思って取り組んでいきたいと思います。

・「自分の進歩を確認するために最も簡便に作られたものがテストなんです」（板倉聖宣，国立教育研究所）ということで，テストを考えていきたいと思います。

…………………………………

ここで紹介したのは，学年会で出た意見をもとに，多少の修正をした形で載せてあります。また，この実施案の後に，毎朝使う「小テストプリント」と「100題用プリント」の例も載せたのですが，ここでは省略します（ほとんどボクの作ったそのままの形で実施されました）。

●英語の先生は？　そして学年会は？

さて，この提案，「英語の先生にとってちょっと失礼かなー」と心配しながら，まず英語の先生に渡しました。「学年で取り組む」というのは学年会で決まっているので，そのやり方を考えるのがボクの役目なのですが，「テストのやり方」まで深入りしてしまっているので，やっぱりドキドキです。

結果は……？

その先生は，「〈テストに出す50問を知らせてしまう〉っていうのには抵抗があったけど，やっぱりそれの方がいいかなって思ってきました。この形でやってみましょう」って言ってくれました。これで第１段階はクリア。

さて，次は学年会。学年会では，他の学年とのかねあいの問題などいくつか意見も出ましたが，このやり方自体に関してのものではなく，わりと気持ちよくみんなに了解してもらえたような気がします。

ボクの提案自体は，かなり過激（？）なものだと思います。他の先生の今までのテスト観と全く違うと思うのです。そのへんがどう理解されるかな？　了解してもらえるかな？　と思っていたら，みんなに喜んでもらえた……という感じでした。

代表的な意見（感想）を国語の先生が言ってくれました。

「全く違う発想だねー。点をとらせるためにテストするなんて，今までなかったことだから」……ベテランの先生は言葉を続けます。「ここに載ってる板倉さんの言葉を読みながら，しみじみそう思ったんだけど，これはいいと思うよ。とにかくこの中さんの案でやってみましょうよ」。

先生たちに「新しい発想のテストだ」ということを認めてもらった上で，「やってみましょう」と了解を得たわけです。ホッとすると同時に，「たのしい授業の考え方が受け入れられる，受け入れやすい状況に，どんどんなってきているんじゃないか？」と感じたのでした。

●取り組みが始まって

さて，そういうことでこの取り組みがスタート。毎朝の10問の練習とテストは子どもたちに，ほとんど抵抗なく受け入れてもらえたようです。ほんとは「毎朝10問は多すぎるかな？　5問くらいの方が適当かも？」とか，「10問の単語を2回ずつでも練習するのをめんどくさがられたりするかも」とか，「ドリルとは言え，テストはやっぱり嫌われるかも」などとちょっぴり心配もありました。けれども，そんな心配は無用だったようです。嫌がるどころか，なかなか意欲的にやってくれたようでした。

そして，実際，毎回８割くらいの子がほぼ満点近い点をとってくれていました。５日間という短い期間，そして，短い練習時間というのもちょうどよかったようでした。

あと，休み前やテスト前日などにも家で練習するプリントを配ったのですが，それが有効であったかどうかは，テストの結果が出てからわかること。実際に始まってみたら，ますますその結果がたのしみになってきます。

それに，こういう取り組みを始めると，担任の先生たちがけっこう熱を入れるのです。先生によっては毎日，満点の子の名前を張り出したり，他のクラスと満点の子の人数をきそったり。子どもたちをほめたり，声をかけたりするきっかけにもなったようです。先生たちも，結果がすごく楽しみというか，ドキドキの状態となってきました。

●テストの結果は？

さて，本番のテストの結果はどうなったと思いますか？　前回のスペコンの結果と比べてみましょう（次ペ）。

一目見て明らかなように，ものすごくデキがいいのです。前回と比べてみても，その劇的な変化にはビックリするほど。しかも，「90点以上」の人数が極端に多いのが特徴です。「80点以上の合格者」は全体の８割を超えました。

「半数以上が合格」の目標は完全に達成。「できたら８割合格を目指したい」と遠慮がちに書いたのですが，そちらの目標まで達成されてしまいました。これには正直言って，ボクもビックリ。「ヤッター！」と，思わずガッツポーズです。他の先生たちも，「今回，すごくできてるよ！」と，とてもうれしそうにしていました。

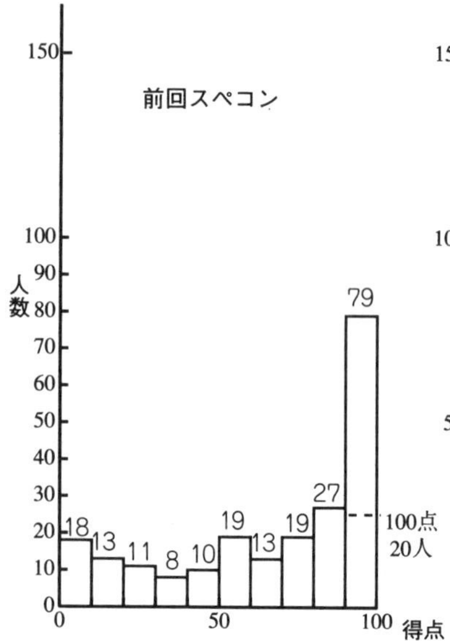

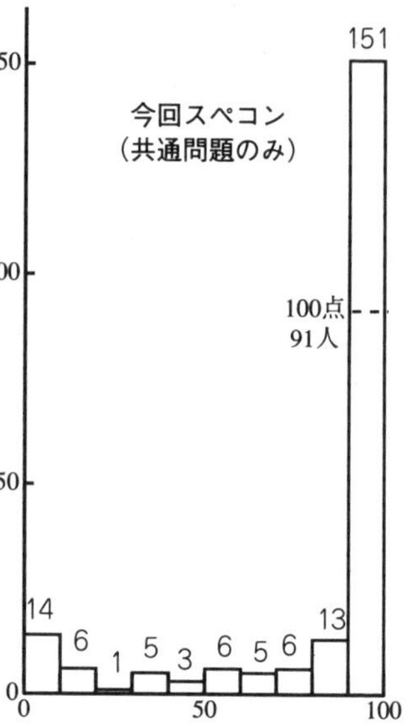

ところで，このグラフは「共通問題」に限ってのもの。「挑戦問題」を含めた得点はどうでしょう？　子どもたちは「共通問題の50問に限って勉強した」のか，それとも「その他の問題もけっこうよく勉強した」のでしょうか？

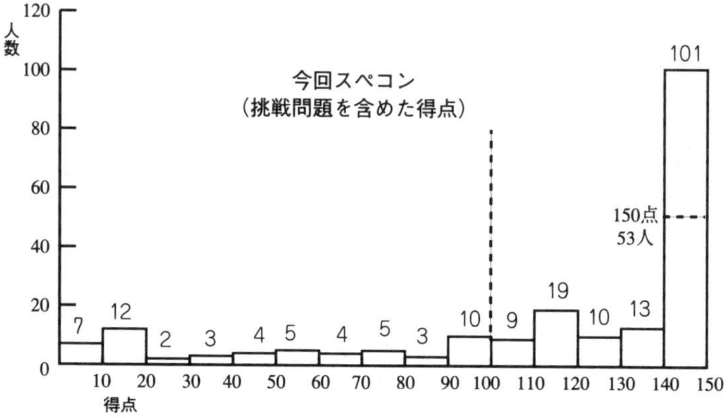

これもグラフからわかるように，結果的に問題をしぼった分，かえってよく勉強してくれたと言えると思うのですが，どうでしょう？

●子どもたちの評価

さて，今回のテスト，前回に比べて成績がバツグンにいいので，それだけで喜びたいところです。でも，せっかくの機会ですから，子どもたちにやり方を含めた評価を聞くことにしました。

最初に，このスペコンの取り組み全体に対しての評価です。

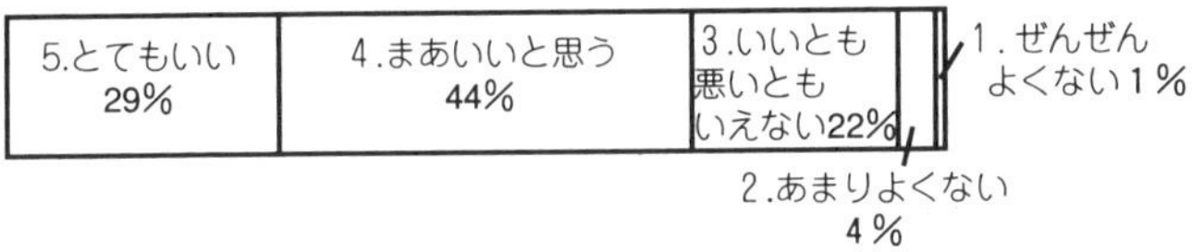

8割にはちょっと満たないのですが，「かなりの支持を得た取り組みだ」と言えるでしょう。

□ 前回なんて，追試3回やってもうからなかったのが，今回は1発合格で，とーってもうれしくて，自まんしまくりました！（勝田隼未）

□ 私はスペコンがある日が近づいてくると勉強をするんだけど，英語はにがてだからなかなかおぼえられなくて，おぼえられてもそこがでるかわからないから，全部おぼえなければいけないから，前まではけっこうあきらめてしまうほうだったけど，でる50問がわかり，また，わからない所から25問出すほうほうはとてもいいと思う。今回のスペコンの練習はけっこううまくできたからよかった。でもテストの時おぼえたもんだいをわすれてしまった。だから少し残念だったけど，少しじしんがもてたことはよかったと思う。（當間幸子）

テストをうけて自信をもってくれたり，よろこんでくれてる姿がとてもうれしく感じられました。

さて，細かい一つ一つのやり方についてはどうでしょう？　評価のグラフとそれに関して感想をのせます。

1．テストに出す50問を予告したこと

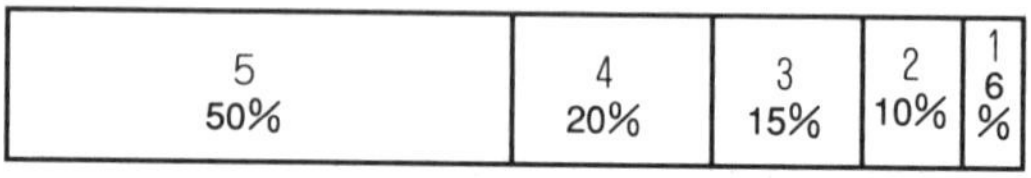

前回も得点のよかった子などが，「テストの楽しみがない」「分かっててつまらない」という理由で低い評価をつけたりということがありましたが，「これがあったから，やる気がでた！」と書いてくれている人が圧倒的でした。

□ はじめから問題がわかっていたから，どれが出るかなど，なやまずに勉強できたのでよかったと思う。それに，一応50問はわかっているんだから，その50問の方だけは合格したいと思ってたら，いっしょうけんめい勉強できた。(福井梢子)

2．朝学活で10問ずつ練習し，小テストをしたこと

これはかなり高い評価を得ました。

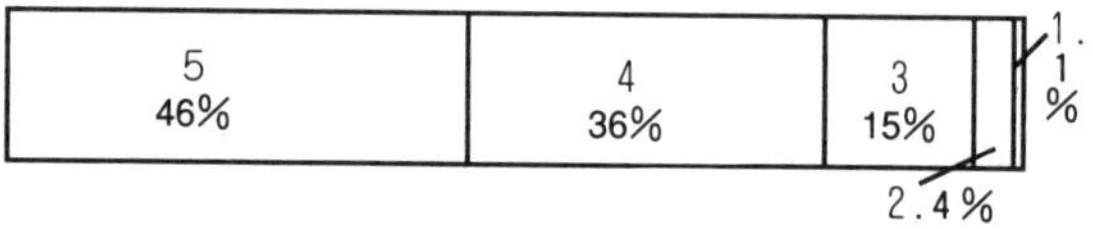

□ 朝，スペコンの小テストをしていたので，出る所もわかったし，毎朝の小テストでまちがえていても，その場で覚えられたのでよかったと思う。(常木佳織)

□ 毎朝プリントをくばって小テストをやるのはすごくよかったと思う。いつもならなんとなく過ぎてしまう時間も有効に使えて，毎日少しずつ勉強できた気がした。忙しくて家でできな

い日も，朝学校でテストできるから安心できた。また今度からもこういうやり方をしてほしい。(伊藤友美)

3．練習用のプリントを多く渡したこと

これは，小原茂巳さん（東京・羽村第2中学校）から教わったやり方です。ふだんのテストの時に「テスト前など，試験に出す問題を何枚もコピーして渡してあげるといい」という小原さんのアドバイスを試してみたところ，子どもたちがすごくありがたがってくれたのです。なので，今回のスペコンでも，勉強のやり方の分からない子も，何度も繰り返してしっかり勉強しようという子も，プリントが多くあると勉強しやすいだろうと思って取り入れたのです。

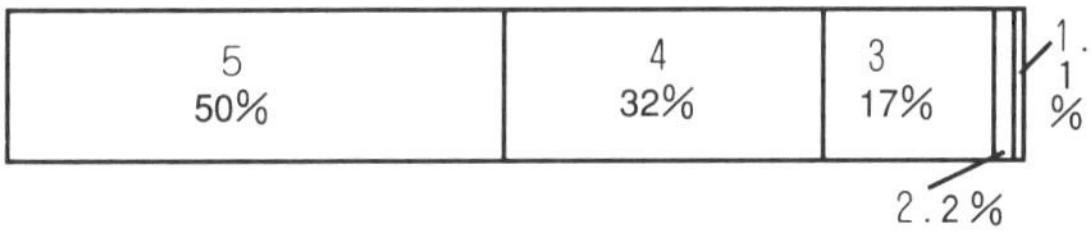

□ 100問プリント（全部のやつ），あれはたくさん配ってくれると本当，助かります！　あれはずーっとつづけた方がいいと思います。あー，あの100問プリントは神様のようです！　小テストも10問ずつ10日間つづけると，もっといいです。

(吉沢さやか)

4．共通問題と挑戦問題をわけたこと

これが一番評価としては低かったです。実施した時に，一部のクラスで「挑戦問題がある」ということがちゃんと説明されてなくて，混乱があったりしたので，そのせいで少し評価が低くなっているのかもしれません。でも，「みんなが合格してしまうのでつまらない」という成績のいい子たちの不満は，これで少し解消された面があるようです。

□ 共通問題と挑戦問題の2種類を用意したのがよかったと思う。挑戦問題があったのでやる気がでました。(小林洋志)

5 23%	4 39%	3 27%	2. 6 %	1. 6 %

●先生方の評価

さて，同じ用紙を先生たちにも渡して，その評価を聞いてみました。先生たちは，どう評価してくれたでしょう？　まずは全体の評価です。

5（4人）	4（3人）

さすがに，テスト結果がすごくよかったことを知って，先生たちもイイ評価をしてくれました。ドリルのやり方についても，かなり認めてもらえたみたいです。ただし，「前の形にもどした方がいい」という意見もありました。この「テスト論」，すぐみんなに分かってもらえなくてもしょうがないですよね。ほとんどの先生がイイ評価をしてくれたことだけでも，すごいことですもんね。

●おわりに

『たのしい授業』では，たびたび「テスト・評価論」を特集しています。時々「特集」があることからもわかるように，テスト観というのはそう簡単には変わらないものなのです。考えてみたら，ボク自身だって，このテスト論を知ってパッとやり方を変えたわけではありませんでした。少しずつ，自分で納得しながら変わっていったと思うのです。

ですから，今回，他の先生方に，「やってみよう」と言ってもらえたのはすごくうれしかったのです。そして実際，すごい成果が出て，子どもたちも喜んでくれました。先生たちの多くも高く評価してくれました。こういう経験――実験結果が，それぞれの教科で，テストについての考え方を変えていく一つのきっかけになるような気がします。この取り組みが，この後，どのような広がりを見せていくのか，楽しみなところです。

そして，それ以上に，今回，こんなふうに「たのしい授業の考え方」をオープンにでき，それがみんなに認められるようになってきたことをうれしく思います。

●追記

この英語のテストの後，今後は「国語の漢字テストをやりたい」ということで，今度は国語の先生が独自に学年全体でテストをやっていました。「毎日ドリル・毎日テストで」という勉強方法はとっていなかったようですが，「できるだけ出す問題をしぼって，しっかり練習させてからテストをやる。みんなが点をとれるようなテストにする」ということはかなり意識してやってくれていたようでした。実際，ほとんどの子が８割以上の点をとっていたようです。

先に書いた「予感」は，少しずつ現実のものになってきつつあるようです。

じつは，以上のレポートは６年前（1995年３月）に書いたものです。その後，ボクは転勤してしまい，スペコンとは縁が切れています。しかし，ここに書いたことは，今でも通用することだと思っています。そこで，ごくわずかの加筆をしただけで掲載してもらうことにしました。〔2001年９月〕

（初出No.247，01・12）

テストのフォローは

福岡・田中一成

『たのしい授業』2001年10月号の「英単語テストで８割が80点以上をとる方法」（中一夫著，本書21ペ再録）は，とてもよい取り組みだと感心しながら読みました。しかし，不安な事があります。

８割以上の生徒がよい点数をとる中で，０点近い生徒たちが必ずいる事です。彼らへのフォローはしておられるのでしょうか。していたとしたら，どのようにされたのでしょうか。

不安だというのは，そのフォローの事が書かれていないので，実はされていなかったのではないかということです。

私は現在は定時制高校にいるのですが，小学校や中学校を不登校で過ごした生徒が多数来ています。農業高校にいた時には，輪切りの一番下の生徒が集められていて，「自分は出来ない」というレッテルを貼り続けて来た生徒ばかりでした。

そういう生徒に，「いや違うんだよ」と，10数年間で厚くなったレッテルとの悪戦苦闘をして来ました。ですから，こんな小テストなら確かに生徒が喜んでいたに違いないと思えます。あの子たちに実施できていたらなあと思いました。

ですが，それと同時に，小学校や中学校で「できない」とされてきた生徒が集められる高校があるというのも事実ですから，どんな風に対処しておられるのかを知りたいと思ったのでした（しつこいと感じられないように，しつこくやる工夫をもった方がおられそうですが）。

もしも，特集などで再度このような話題を取り上げられる際には，ぜひ，フォローの工夫を入れていただけないでしょうか。

（初出No.26，85・5）

歴史のドリルを考える

東京・福生市福生高校（定時制）　長岡　清

時代がイメージできるように

歴史は社会科の中でも特に暗記科目だと思われています。しかし，教師の中には（ボクも含めて）そのことに反発して，暗記させることを快く思っていない人が少なくないようです。「一つひとつの事件を覚えることが重要ではないのだ。歴史の流れを理解させることが重要なのだ」と思っているのです。

しかし，歴史を理解するためにはある程度の年代を知っていた方がよいことは確かです。いくつかの年代を覚えて，それをもとにして時代区分ができるようになると，役立つことが少なくありません。

たとえば，福沢諭吉の『学問ノススメ』は1872年に書かれたものですが，「1868年に明治維新が始まった」ということや「明治時代は四民平等の時代である」ということを知っていると，「『学問ノススメ』は明治時代のごくごく初期に書かれたんだなー。四民平等の時代だから出せたんだなー」というイメージがわいてきて，いろいろとノーミソを働かせることができて，年代や時代区分を知らない時よりも楽しくなると思うのです。

基準は何か

そういえば，うちの学校の生徒でも「歴史があるから社会は好きだ」という高校生も少なくありません。それどころか「年代暗記がすきだ」という子もいるのです。しかし，だからといって「歴史が嫌い」という生徒もいないわけではありません。「覚えることが多いから歴史は嫌いだ」という子もたくさんいます。

では，「年代の覚え方の本はどんなものがあるのかな」と書店に行くと，パッと見つけただけでも10冊近い本がありました。こういう本を見ると，少なくとも100ぐらいの年代がでてきます。しかし，「こんなにあると覚える気もしないな」というだけでなく，板倉さんの言われるように，「こんなに覚えるとかえって使えなくて困る」という気もしてきます。

　そこで，先日の編集会議の席で，「まず時代を大きく原始・古代・中世・近世・近現代と分けて，その区切れとなる年代を8つだけ覚えたらどうか」ということになりました。

　その時，話題になったことを中心に8つの年代とその覚え方を紹介しましょう。

645年　大化の改新はじまる　　**大化の改新，虫5匹**

　「大山鳴動ネズミ一匹」にかけてあるのです。中大兄皇子，中臣鎌足らは蘇我氏を滅ぼし天皇中心の政治を始める。古代のはじまり。

1192年　鎌倉幕府ひらかれる　　**頼朝はいい国作ると幕府たて**

　「いい国作る，鎌倉幕府」も可。源頼朝が幕府を開き，武家政治がはじまる。中世のはじまり。

1543年　鉄砲伝来　　**以後予算に鉄砲を**

　織田信長は，いち早く鉄砲予算を組んで勝利したのです。種子島にヨーロッパ人が来て鉄砲を伝える。日本とヨーロッパの関係はじまる。

1600年　関ケ原の戦い　　**ヒーローわーわー関ケ原**

　徳川家康が石田三成を破り，実質的に権力を握る。武士の天下が確定し，このころから近世の始まり。

1720年　江戸時代の発展とまる　　**発展止まってと　なにを思う**

　普通の教科書や参考書には出てないが，この年代を境にして江戸時代が前期と後期に分けられる。後期の停滞の時代が始まる。（本誌既報の「いたずら博士の歴史の見方・考え方」に詳しい）

1780年　イギリス産業革命始まる　　**言いなはれ，手作りやめて機械だと**

　「イナヤヲ言わず産業革命」でもいい。これだけは日本の歴史ではないのですが，この事件を機会に世界の一体化がすすみ，後世へ大きな影響を与えているので覚えておくとよい。また，どうしてこの年を選んだかというと，この年を境にイギリスの木綿の生産が急激に伸びたといえるからです。

1868年　明治維新はじまる　　**五カ条で一つやろうや大維新**

「明治維新でイヤロッパ（ヨーロッパ）と肩を並べて」も可。御誓文を出し，新しい政治方針を示した。明治時代が始まる。近代の始まり。

1945年　第2次世界大戦，日本降伏する　　**幾夜もごねたがポツダム受諾**

広島・長崎に原爆が落とされ，ポツダム宣言を受諾。第2次大戦終わる。現代の始まり。

簡単な時代区分

次に，5つの時代区分のうち，古代・中世・近世・近現代の大ざっぱな雰囲気の覚え方の案をあげておきます。

▒古代　天皇勝った奈良時代

奈良・平安時代は天皇・藤原氏が中心に政治が動いていた。

▒中世　両者接近，鎌倉時代

鎌倉・室町時代の政治は二重構造で，武士の政権と天皇の政権の2つがあり，均衡状態だった。つまり妥協の時代。

▒近世　武士の天下の江戸時代

安土・桃山時代と江戸時代は武士が完全に政権を握り，天皇や貴族は押さえられた。

▒近現代　四民平等，明治時代。

明治時代になるとそれまでの身分制社会から資本主義社会に。

この案は私としては「うまくいってるなー」と思いますが，どうでしょうか。もっと重要な年代，よりよい覚え方があったら教えて下さい。

また，ここにはあげられなかったのですが，「各時代の日本の代表的貿易品は覚えておいてよい」と板倉先生がおっしゃっていますが，そうすると，また歴史を見通す尺度ができるようにも思います。

なお，構想の段階などで板倉先生から多くの示唆を受けました。ありがとうございました。

年代の覚え方を参考・引用させていただいた本は次のものです。

大橋吉彦・中村亮・法政大学漫研著
『まんが年代暗記（中学歴史）』
学研（1984年）480円
橋幸一著
『橋方式　日本史年代早わかり』
学燈社（1981年）300円
旺文社編
『高校入試歴史暗記ポイント250』
旺文社（1979年）400円

こういう本にのっている覚え方の中には，昔から言い伝えられてきた覚え方があるようです。

国旗カードゲーム

フラッグス

●《世界の国旗》《世界の国ぐに》と共にたのしめる

（初出No.272，03・10）

北海道・旭川市啓北中学校
小出雅之

〈フラッグス〉とは？

現在，世界には200近くの国があり，そのすべての国には国旗があります。国旗のデザインには，その国の人々の思い（思想や宗教）や地域性が現れ，国旗を見ているだけで，おおよそどんな国なのか予想できることが多いのです。

そこで，国旗を特徴のあるデザイン（十字架・三日月・三色旗など）や色に注目して分類すると，世界の国ぐにをいくつかの特徴あるグループとして認識できるようになります。このような考え方は，板倉聖宣さんの『世界の国旗』『世界の国ぐに』『絵とき世界の国旗』（いずれも仮説社）の中にくわしく書かれています。

〈フラッグス〉は，この「国旗のデザインによる分類」をとことん使って，「世界のことを知りたい」と願うすべての人が楽しめるように開発したカードゲームです（製作／小出雅之・樋栄邦直）。

〈フラッグス〉は，60枚のカードがあります。〔下図参照〕

このカードには国名と国旗，さらに「役」（グループ分け，上の図では「カントン・人口トップ10」）と人口・地図などが一カ国ずつカラー印刷してあります。

それぞれのカードは，国旗の色やデザイン，人口に注目して，「十字架」「三色旗」「三日月」「カントン」「アラブ色」「アフリカ色」

「人口トップ10」という7つの「役」と，あがり以外の時はいつでも出せる「ワールド」というカードに分類してあります。それぞれの「役」と「ワールド」カードの枚数は，以下の通りです。

十字架〔10枚〕　三色旗〔10枚〕
三日月〔8枚〕　カントン〔6枚〕
アラブ色〔6枚〕　アフリカ色〔8枚〕　人口トップ10〔10枚〕
ワールド〔10枚〕

これを合計すると68枚になりますが，2つの「役」をもったカードが合計8枚あるので，その分を引くと，ちょうど60枚となります。

遊び方

〈フラッグス〉でゲームをするには，2～7人くらいでやるのがいいと思います。

ゲームのやり方を簡単に説明します（次ぺのマンガも参照）。

まず，5枚ずつカードを配り，ジャンケンで親を決めます。残りのカードは場の真ん中に裏返して積んでおきます。親になった人は，カードの国名を言いながら好みの1枚を場に出します。他の人は順番に親が出したカードと同じ「役」のカードを出していきます。「ワールド」カードは，あがりの時以外ならいつでも出せます。出せるものがない時は，山から1枚取ります。一巡したら，場に出たカードのうち人口(ポピュレーション)の一番多い国のカードを出した人が次の親になります。これを繰り返し，カードが最初になくなった人が勝ちです。

2種類のゲーム

実は，〈フラッグス〉には，今説明した「ポピュレーション」の他に，もう一つ「リッチ」というゲームが入っています。「ポピュレーション」と「リッチ」の国旗はまったく同じで，遊び方もほとんど同じです。ただ一つの違いは，「ポピュレーション」が「人口」をキーにしてゲームを進めるのに対して，「リッチ」では「お金持ち具合（1人当たりGDP＝国内総生産)」をキーにして進めるところにあります。そこで，「リッチ」カードには，「1人当たりGDPの数字」が印刷してあります。

ポピュレーションであそぼう

❶

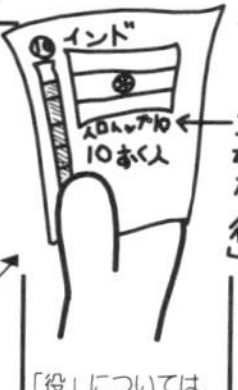

ひとり５枚ずつカードをくばる。残りは山にしてふせる。じゃんけんで親をきめ，親はカードの国名を言いながら，好みの１枚を出す。

「役」については，「役一覧カード」をご覧ください。

❷

時計回りで，親が出したカードと**同じ役**のカードを出す。**ワールドカード**は，あがりの時以外なら，いつでも出すことができる。

❸

出せるものがない時は，山から１枚取る。取ったカードが出せれば出してもよい。出せるものがあっても出さないで１枚取ることもOK。

❹

みんなが出したカード

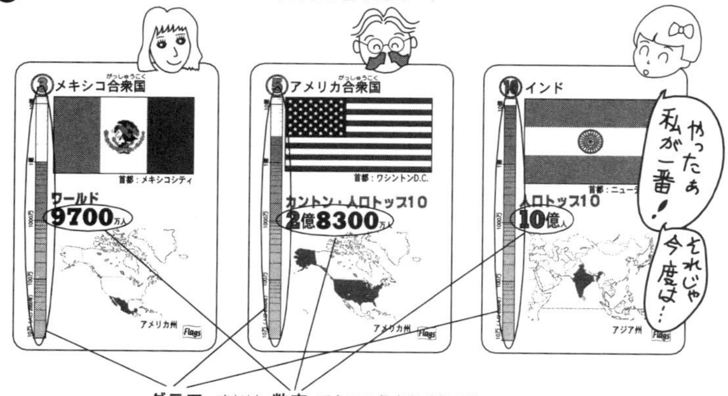

グラフ または **数字** で**人口**の多さをくらべる。

一周回った時点で**人口**が一番多いカードを出した人が次の親になる。人口が同じ時はジャンケンで親を決める。親が決まったら場のカードをよける。
新しい親は，カードの国名を言いながら，手持ちのカードから好みの１枚を出す。以下，③〜④をくりかえす。

こんな時には！

親が**ワールドカード**か**役がふたつあるカード**を出した → 親が**その回に使う役**を宣言する。

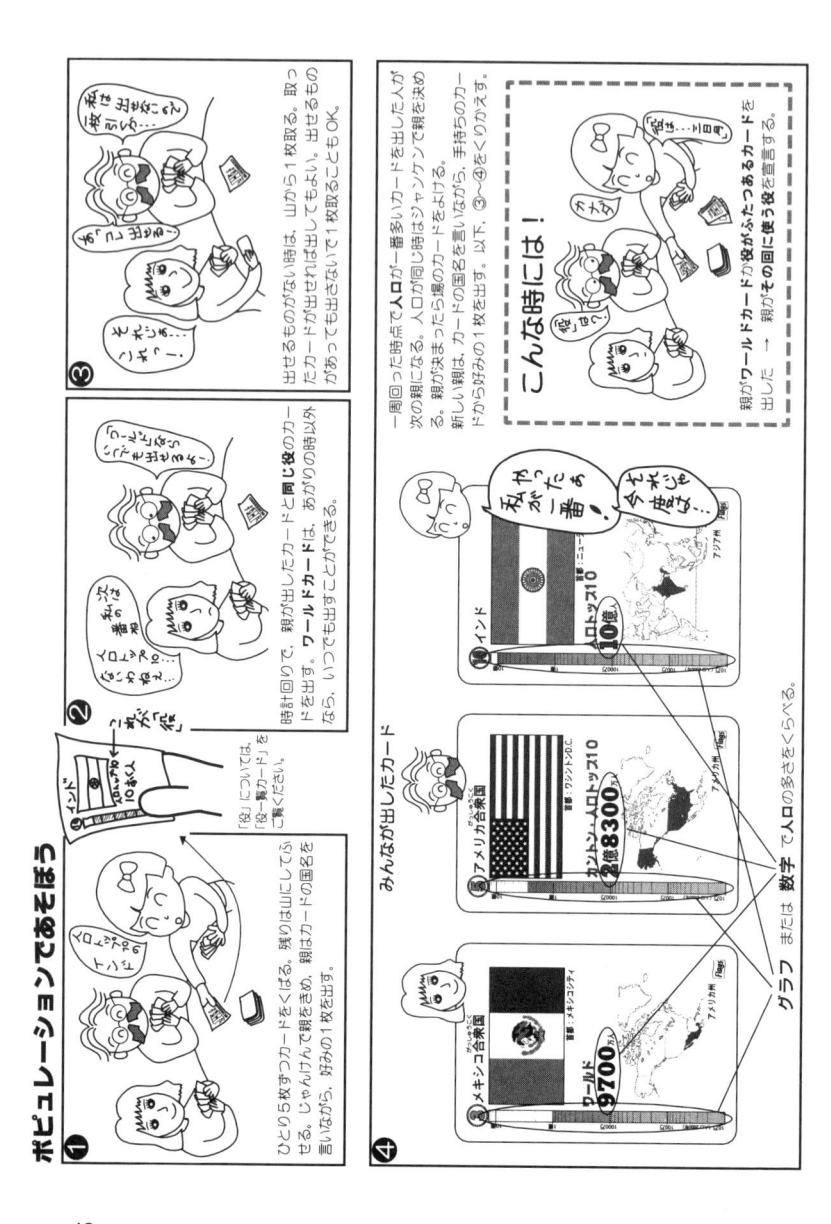

⑤

手札が残り１枚になる時には，**ポピュレーション**と宣言する。言い忘れて誰かに**アウト**と言われたら山から２枚取る。
ポピュレーションを宣言したカードが，その回に**人口**が一番多いカードだったら，次の親になり，最後の１枚を出してあがれる。
他の人が親になった場合でも，親が出したカードと同じ**役**のカードをもっていれば，あがることができる。最初の１人があがったら１回戦おわり。

⑥

負けた人は手持ちのカードの点数(左上の数字)を合計して，マイナス得点となる。勝った人は，負けた人全員の得点を合計した数をプラス得点する。

フラッグス得点表

今回の得点　合計の得点

なまえ	１回戦	２回戦	３回戦	
	－６	＋13 / ＋７		
	＋10	－５ / ＋５		
	－４	－８ / －12		

フラッグス得点表は，人数に合わせて手書きして作るのが簡単ですが，楽知ん研究所ホームページからダウンロードして使うことができます。ご利用ください。

リッチであそぼう

「**リッチ**」の場合は，**人口**のかわりに**一人当たりGDP**の大きさで勝負する。また，あと一枚の時のかけ声を**リッチ**とする。あとは**ポピュレーション**の遊び方と同じ。

「**リッチ**」には**逆転カード**を入れて楽しむことができる。

・**逆転カード**で**逆転宣言**すると価値が逆転し，**一人当たりGDP**が低いカードが強くなる。**逆転カード**は，あがりの時以外なら，いつでも出すことができる。

・**逆転カード**を出した人は，**逆転**するかしないかを宣言する。**逆転**すると，その回から価値が逆転し，**一人当たりGDP**が一番低いカードを出した人が次の親になる。**逆転**しない時は，**一人当たりGDP**が０のカードとして，そのままゲームを続ける。

・一度**逆転**すると，勝負がつくまで価値は逆転したままとなる。

逆転カード

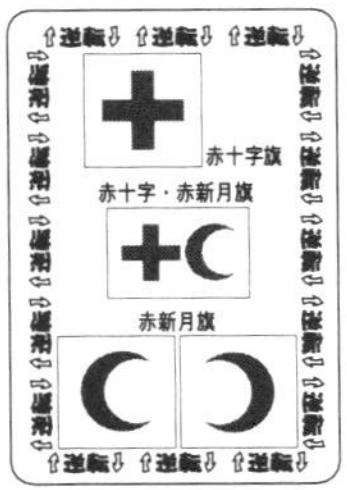

たったこれだけのことなのですが,「ポピュレーション」をやった後で「リッチ」をすると,まったく世界が違って見えてきます。「ポピュレーション」で存在感を誇っていた中国やインドをはじめとする「人口トップ10」の国ぐにの多くは,目立たない「わき役」になってしまいます。一方で,「十字架」や「三色旗」の中の人口が少ない国ぐにの存在が,一気にクローズアップされます。また,「アフリカ色」の国ぐにも,その経済状態から非常に特徴が出てきます。

これらの〈世界が見えてくる感覚〉を,ぜひみなさんに味わってもらいたいと思っています。

さらに,視覚的に世界が見渡せるようにと,横軸を「人口」,縦軸を「1人当たりGDP」として,各国の位置を国旗で表した〈世界を見渡す国旗グラフ〉をカラー印刷して,〈フラッグス〉にオマケでつけました。そして,その裏面には,「役」の早見表もカラーで印刷してありますので,この表を見ながらゲームをすすめてもいいでしょう。

なお,〈フラッグス〉発行元の楽知ん研究所のホームページもぜひ参照してみてください。

楽知ん研究所

http://www.lactin.com/

＊現在はデータを新しくした「フラッグス2005」を販売しています。旧版のフラッグスとの内容の違いなどを見比べてみるとたのしいかもしれませんよ。

まだある！
習熟のカードゲーム

編集部

上記の国旗カードゲーム「フラッグス」や,18ぺの分子カルタ「モルカ」の他にも,習熟のためのカードゲームがあります。いずれも仮説社で販売しています。

・分子カードゲーム「モルQ」(税込1365円)…原子分子の習熟に。

・単語作りカードゲーム「ごん太」(税込525円)…国語の授業で。

（初出No.285，04・9）

『フラッグス・る？』がてきました！

小出雅之
北海道・啓北中学校

●楽しみながら世界が広がる

みなさん，もう，《世界の国旗》カードゲーム「フラッグス」は体験されましたか？　「フラッグス」は，仮説実験授業《世界の国旗》と《世界の国ぐに》で広がる世界観を，さらにゲームでたのしんじゃおうという思いで作ったカードゲームです。

＊「フラッグス」は，『たの授』03年10月号（No.272）で紹介しています（本書40ぺ再録）。

「フラッグス」には，「人口」をキーにした「ポピュレーション」と，「お金持ち度（1人あたりGDP）」をキーにした「リッチ」という2種類のゲームがあります。「ポピュレーション」では，人口をモノサシとした「世界の国ぐに」の「大きさ」の感覚が，あそんでいるうちに身についてきます。「リッチ」では，「お金持ち度（1人あたりGDP）」で世界を見渡すことで，人口をモノサシにして世界を見たときとはずいぶんとちがった感覚をたのしむことができます。

そんな，「ゲームをたのしみながら，世界のいろんなことに興味が湧いてくる！」と好評の「フラッグス」発売から，1年。ついに，『（楽知ん絵本）カードゲーム仮説実験　フラッグス・る？』が完成しました。

●絵本が完成！

この本は，「フラッグス」の2種類のゲーム，「ポピュレーション」と「リッチ」で使われている，「人口」と「お金持ち度（1人あたりGDP）」という2つの視点を徹底的に使って，〈世界を「鳥の目」で見渡す〉ことをねらいとした『楽知ん絵本』シリーズの第3弾です。

第1部「フラッグスであそぼう！」では，「フラッグス」のあそび方ガイドといっしょに，「人口で世界を見る」ことを中心に，カラーページをたくさん使って，直感的にたのしんで読めるようになっています。

第２部「フラッグスで世界を見渡す！」では，「フラッグス」をすることで身についてくる，「人口」と「お金持ち度」という２つの軸を使って，世界の中の「特徴的な国」の様子を見ていきます。豊富な図やグラフを通して，どんどん世界が「見えて」くることでしょう。

１，２部とも，５人の登場人物と一緒に，「予想」をたてて「問題」を考えながら読み進める「絵本」になっています。「絵本」なので，小学生にも読めるように，すべての漢字にふりがなをつけました。

これだけではありません。第３部「もっともっと世界を見渡したい人のためのＱ＆Ａ」では，20ページにわたる解説で，より詳しく「世界の様子」を見渡すことができるようになっています。

さぁ，みなさん，『フラッグス・る？』片手に，フラッグス・る？

（文：秋田総一郎，絵：小出雅之『（楽知ん絵本）カードゲーム仮説実験　フラッグス・る？』楽知ん研究所，税込1260円）。

＊『（楽知ん絵本）カードゲーム仮説実験　フラッグス・る？』と「フラッグス」（税込1575円）は，仮説社でも販売しています。

（初出No.285，04・9）

子ども達だけでどんどん

フラッグス，４年生の教室で初体験。わくわく。ルールを説明したら，すんなりわかっちゃいました。すごい！　それからあとは盛り上がり盛り上がり。

モルカ（分子カルタ，『たの授』No.236）は，私が読み札係でしたが，フラッグスはまったくお任せです。楽ちんでいいです。テストの丸付けも次の教材準備も身の周り整理も居眠りもできます。

本当に優れたゲームだと思うのは，カードのデザインの中からいろんな情報をどんどん読み込んでいくことです。「インド意外にデカイぞ」とか，「日本の首都は東京なんて知らなかった」だとか。

国名をフルコールさせるのもいいですね。　（神奈川・横山裕子）

（初出No.57，87・11）

ドリルが好きになりました

阿部徹子

東京都江戸川区・篠崎小学校

今，６年生を担任していますが，毎日，市販「ドリル」のお世話になっています。でも，教師を始めてからずっと長い間，「ドリル」をいいとは思っていませんでした。

教師になったとき，〈学校とは何と不自由なところなんだろう。とにかく，こんな不自由さからなんとかして逃れたいし，逃れさせたい〉といつも思っていました。

しかし，自由にさせたらさせたで，子どもたちはその大切さを感じるところか，ますます勝手きままになり，授業が成立しなくなる。──やっぱりきびしくしないとうまくいかない。そういう矛盾の中で，私は学校嫌いになるばかりでした。

だから，ドリルに対しても，〈束縛の多い嫌な教え方〉という認識しかなかったようです。いつも同じ計算や漢字を繰り返し練習するなんてことは，子どもの考える力を阻害するとしか思えなかったのです。私自身，子どもの時に漢字テストがいつもできなくていやな思いをしたことがあったので，こんなことを子どもにやらせたくないと思っていました。

でも，いくら「考える授業」が大事だといっても，計算力の有無が文章題などを解く意欲にも影響してきます。ところが，教師がドリルに対してあいまいな態度をとるものだから，子どもも熱心にはやらない。その結果，計算力がつかない。それで考える力が伸びるわけでもない。──いつもジレンマに陥っていました。

束縛するということ

それがどうして賛成派にまでなってしまったのでしょうか。一番影響が大きかったのは，「いくら仮説実験授業やキミ子方式でも，ある種の束縛をしないと授業が成立しない」ということを思い知らされたことです。ここでいう「束縛」とは，特別な授業運営法といったことだけでなく，教師の意図を明確に伝えるための手順といったことも含んでいるのですが……。

たとえば，キミ子方式をやり始めた６年ほど前のこと，「魚の絵をかくために魚をもってきなさい」と言ったところ，みんなはめいめい缶詰とか干物などと，まあいろいろなものをもってきました。しかも，できあがった子どもたちの絵を知人に見せたところ，「これはずいぶんひどいねえ」と言われてショックを受けました。当時は〈誰でも絵が描けるというキミ子方式なのに，どうしてうまくいかないのか〉と悩んだものです。

結局，教えるべきことを教えていなかった，キミ子方式にもなっていなかったというだけのことです。それまで私が憧れていた「自由」とは，教師が「何も教えない自由」であったわけです。

それからは「大事なことは聞かせる，やらせる，書かせる」ということを意識するようになりました。その中でドリルの大切さがだんだんわかるようになってきたのです。

みえてきたドリルの成果

実際に計算や漢字のドリル練習を授業でとりあげてみると，子どもたちが自信を持っていくのを見ることができました。それも，私がドリル賛成派になっていった理由の一つです。

漢字テストが終わると，時間の合間にテストの結果を見せてもらい，それをノートにつけるのですが，この時，向上した子にはほめてあげたりしています。「10点満点だね」とか「前よりあがったね」と言うだけなのですが，子どもたちは喜びます。実力が目に見えて上がっていくのがうれしいのでしょう。家で練習したり，テスト前ににわか勉強したりしている子も多いようです。

テストを繰り返すと最終的に95%ぐらいの子が合格するようになり，漢字も気楽にドリルできるようになりました。「自分もいつかは合格出来そうだ」という見通しがたてば，小テストやドリルも楽しいものに変わるのではないでしょうか。

また，算数では新居信正さん（徳島）の授業プラン〈量分数〉〈割合分数〉をやりました。最初は〈あれだけ沢山の練習があるから，子どもたち，いやになるんじゃないかな〉と思っていたのです。ところが，友達同士で答え合わせをしたり○をつけあったりして，楽しく進められるようになりました。今まで算数の掛算すらできなかった子が分数の掛算や割算ができたりするようになっていきました。〈割合分数〉に進んでからも，むずかしいのではないかと心配していたのですが，スイスイ進んで教科書で苦しんでいたのが嘘みたいです。「これ，とっても難しいんだよ」と，私。「簡単だよ」と，どんどん進めていく彼ら。

やっぱり，今までのドリルがあったから算数の練習があったから，あれだけうまくいくのではないかと再認識している毎日です。

たのしいドリル2
算数・国語

ドリルを続けるために……

「定食方式」のすすめ

（初出No.173，96・9）

小川　洋
東京・五日市小学校

繰り返すのが苦手

「漢字や計算の習熟にはドリルが効果的」と言われます。ところがボクはこの〈ドリル〉を子どもたちにやらせるのが大の苦手でした。

「同じ内容を繰り返す」というのが〈ドリル〉ですよね。でもこの「繰り返す」というのが，三日坊主のボクにはなかなかできなかったんです。そしてその学期の終わりになると，いつも「うわー，子どもたち，全然漢字が書けてないなー」なんてため息をつく……教師になって10年くらい，ずっとそんな感じでした。

ところで，小学１年生の担任になったとき，実はボク，「１時間（45分）の授業をどう持たせたらいいのか」と，困ってしまいました。国語や算数の時間，教科書を開いて説明を始めるのですが，もう１年生たちはすぐに飽きてしまうんですね。ガマンしてくれません。

また，計算やひらがなのプリントをやらせても，あっという間に「できたー」と言う子もいれば，まだ鉛筆も持ってない子がいたり…一人ひとりの差がすごく大きい。だから授業が45分持たず，立ち往生してしまうことがありました。

そんなふうに困っていたボクに，仮説実験授業のサークル仲間の木下富美子さん（東京・秋津東小）は，こんなアドバイスをしてくれました。

・45分同じことをやろうとせず，10分程度の作業（ドリルなど）をいくつか組み合わせるといい。
・とくに授業時間の最初はいつも同じことをやると，授業をスムーズに始めることができる。

なるほど！　さっそくマネしてみることに。

定食方式の授業

とりあえず，「毎時間の授業で最初と最後にやることを決めておく」ということを始めました。45分を10分刻みで授業していくと，計算では「４個のことができて５分余る」ことになります。でも，実際ボクはそんなにはできません。

例えば国語の時間なら，

A最初の10分……漢字ミニテスト
B中盤25分……教科書（音読など）

C最後の10分……「新出漢字の書き取り」や，「ドリル帳に出てくる単文の読み」など

というふうに，３つのメニューを組み合わせてやっています。

最初は，これでも「せわしなくて子どもがついてこれないのでは？」と思いました。ところが，これがいいのです。子どもたちは嫌がるどころか，以前よりもはりきって勉強してくれるようになりました。毎日，同じパターンの繰り返しというのは，子どもたちに安心感を与えるみたいで，歓迎してくれたのです。

これをボクは「定食方式」と名付けました。だってまるで食堂の〈定食〉みたいだと思いませんか？

Aは毎日決まっている〈ご飯〉，Bは日替わりの〈おかず〉，Cはときどきかわる〈みそ汁〉というわけです。実際はBまででその日の授業が終わることもあります。おかずが多いときは味噌汁ぬき！でもいいですものね。

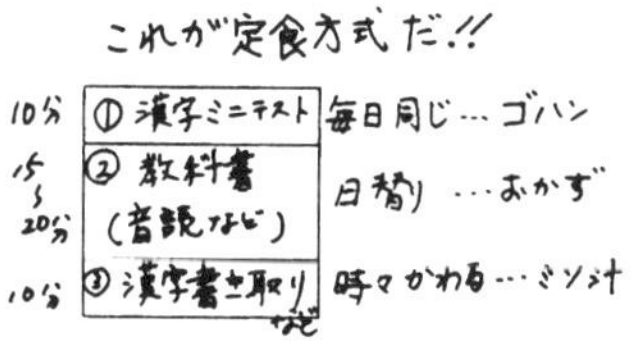

この「定食方式」を始めてから，ボクはそれまで続けることのできなかった〈ドリル〉を続けられるようになりました。そして気がつくと，子どもたちは以前よりもずっと漢字が書けるようになったのです。結果的に「ドリルの悩み」を解決してくれたというわけです。

「ドリルもやり方しだいでは楽しくやれる」ことや，「ドリルの有効性」については，それまでも『たのしい授業』で論じられていました。でもボクのような教師は，「どの授業のどこで何分くらいやるか」までハッキリさせてはじめて，ドリルが続けられるようになったのです。

漢字ドリルのコツ

「１年生の授業で立ち往生」という悩みから始まったこの〈定食方式〉ですが，今では国語や算数の教科書授業のとき，何年生でもこのやり方でやっています。もちろん，学年によって少しずつ中身は違います。でも「国語の時間は最初の10分漢字ミニテスト」というのは，どの学年でも同じです。

ここで，ボクがやっている漢字ドリルのコツを紹介しようと思います。まずはやり方から……。

①漢字ドリル帳の中から問題を５コ選び，黒板にひらがなで書く

（子どもが自分で答えを探せるように，答えの載っているページ数も黒板に書いておく）。

②答えを書き入れるワクが印刷された紙を配る。

③ドリル帳を見ながら練習し，覚える時間を３分とる。

④「スタート！」の合図で３分間テストをやる。

⑤終わったら列ごとに集める（こうすると返すときラク）。

⑥終わったらすぐにドリル帳を見て自分の「でき」を予想させる。

これでだいたい所要時間10分です。マル付けは先生がやる方がいいみたい。５問のテストなら５～６分で全員分のマル付けがすみます。ボクは授業の最後の10分（味噌汁の時間）にマルつけしています。

そして，ボクは次の国語の時間にもう一度同じテストをします。漢字テストは「４個以上（80点）で合格」ということにしているのですが，できない子がいても「今日は練習，次が本番」と言います。

高学年では，繰り返しテストを２つやったあと，２つ分，10問のテストをやることもあります。これは，岡田美恵子さんが書かれた，「５問テストと〈漢字道場〉」（『たのしい授業プラン国語２』仮説社）をマネしたものです。「最初から10問テストをやる」という先生が多いのですが，５問の方が「よし，覚えるぞ」という意欲が子どもたちはわくようです。

それから，漢字〈ドリル〉を続ける最大のコツは，「教科書の進度を無視して漢字の勉強だけどんどん進める」こと。教科書の進度はたいてい停滞しがちですよね。これにあわせていては，いつまでたっても漢字が終わりません。

なんでもドリルにはできない？

ところで，先日，「定食方式」を紹介したところ，ある先生から「では３年生の社会では，どうやったらいいでしょう？」という質問が。

う～ん，ボクは困ってしまった。３年生の社会でどういう知識を習熟させたらいいのか，ボクには正直，わからないからです。

でもその質問のおかげで，「何をドリルするのかで，子どもたちの意欲が全然違ってくるのでは」と，改めて考えさせられました。「やっぱりドリルっていうのは子どもたちが〈これ覚えておきたいなー〉と思ってくれるもの，また，〈使えるようになってうれしい！進歩したぞ〉と感じられるものに限るんだなー」と思います。

ドリルのいいやり方があったら，またマネしてみたいです。

（初出No.265，03・4）

なぞなぞ絵本でひらがなドリル

鹿野孝子
神奈川・相模原市大野台中央小学校

1年生を持ったとき，ひらがなの習熟のために，なぞなぞを書き写して，答えを考えてくるという宿題を出しています。

問題は『なぞなぞえほん』（中川李枝子，福音館書店，全3巻）や『なぞなぞあそびうた』（角野栄子，のら書店，全2巻）から選んでいます。答えがすぐわかるという感じではなく，しかも読んでいるとお話の世界に誘われるような楽しさがあるのです。音読の練習にも最適です。

下のようなプリントを作って，左の空いたところになぞなぞ文と答えを書いてきてもらっています。宿題のプリントを渡すと，子どもたちは答えを言い合って楽しんでいます。また，お母さんから「家族で答えを考えて，話がはずんでいます」という嬉しいおたよりをいただくこともあります。

習熟のための時間がなくて苦肉の策で考えついた宿題でしたが，今では1年生を持ったときの定番になっています。

なまえ

あたしのものなのに
いつもうしろに
かくれてばかり
ふりむいても
ふりむいても
みえない

こたえ

角野栄子『なぞなぞあそびうた』より
（こたえは「せなか」）

（初出No.143，94・7）

宿題だすなら
ドリルの復習で

重弘忠晴

千葉・松戸市横須賀小学校

宿題は，基本的には必要ないと思います。特に小学校では，家でもやらなくてはついていけなくなる，というような勉強は一つもないと思いますので，宿題を出す必要もないでしょう。大切な内容の勉強であれば，なおさら学校の中で十分身につけられるようにすべきで，それを家庭に持ち込んではいけないと思うのです。

また，自主的に学習する習慣をつけるために宿題は必要ではないか，という考え方もありますが，押しつけられた勉強から「自主性」など育つはずもなく，その反対に「勉強嫌い」を作るだけだと思います。

それでは，ぼくは「宿題」は全く出さないかというと，実はその反対で土日を除いて毎日宿題を出しているのです。

■見逃せない親との関係

これは，第一に親の要求によります。以前は，親から「宿題」を出してほしいという要求があっても，先に書いたような話をして宿題を出すことなど，ほとんどなかったのですが，最近はやり方を変えています。

保護者会などで，宿題や子どもの家庭での勉強の話になると，ほとんどの親が「家でも少しは勉強してほしい」と言います。

「宿題など出していやいや勉強させても，効果などあがりませんよ」「勉強は学校でしっかりやらせますから，家にいるときぐらいは自由にすごさせたらどうでしょう。その方がこのぐらいの年齢の子どもの成長にはプラスになると思いますよ」
などとぼくが言っても，なかなか説得されてくれません。中には，「たとえ親の自己満足でもいいから，子どもが机に向かっている姿を見たい」などという親もいます。これもわが子を思う親の真情には違いない，一概に無視するわけにはいかないな，と思うようになりました。それには，〈たのしい授業〉についてのぼくの考え方の拡がりが関連しています。

仮説実験授業をやっていれば，子どもは「勉強がたのしい」と言ってくれるし，親もそんなわが子の姿を見たり聞いたりして，ぼくの授業を支持してくれます。以前はそれで満足していました。仮説実験授業は〈たのしい授業〉の基本なのだから，それさえきちんとやっていれば，他の授業や学習活動はあまり重視する必要はないのではないか，と思っていました。

ところが，3～4年前に3年生を受け持ったとき，保護者会で親から「うちの子はほとんど漢字を覚えていないようだけど，どんな指導をしているのですか」という質問を受けました。実は，漢字を覚えさせるための意識的な指導など，そのときはしていなかったのです。補助教材として買った「漢字ドリル」があったのですが，それは子どもの「自主性」にまかせてあって，それを使って何か「指導する」ということもしていなかったのです。

それまで，中学生や高学年ばかりを担任していたものですから，「ドリルなどは子どもたちが適当にやってくれるだろう」とたかをくくっていたのです。でも，それは考えてみれば，小学校の低中学年でドリルをやるようにある程度仕込まれてきたから，放っておいても「自主性を発揮」してくれるのであって，小学校3年生では通用しない話でした。これでは，子どもが漢字を覚えないのは，むしろ当たり前。そのときの保護者会はさすがに冷や汗の出る思いでした。

■ドリルが喜ばれて

そこで，その次の年度に受け持ったクラスからは，『たのしい授業プラン国語2』（仮説社）に載った尾形邦子さんの「漢字は毎日ドリルと毎日テストで！」というドリルの実践をマネして，意識的に漢字や計算ドリルの指導に取り組みました。

これは授業中に漢字や計算のドリルをして力をつけるようにするのですが，子どもたちはドリルがたのしくなって，家庭でも自発的にドリルをするようになりました。今まで宿題が出たときだけ仕方なしに勉強していた，というような子が自分からドリルをするようになり，親がとても喜んでくれるようにもなりました。

そういう経験から，漢字や計算のドリルも，子どもたちの負担が少なく，しかも自分の進歩がはっきりわかるやり方ならば，十分受け入れてくれるものだ，ということがわかりました。

それと同時に（ここからが「宿題」の問題とからんでくるのですが），漢字や計算ができるようになると親がとても喜んでくれる，ということも実感として知りました。漢字が書けるようになったり計算ができるようになったりすることは，親の目に見える形でわかります。自分の子どもの進歩が見えるわけです。そして，自分の子どもの進歩・成長を喜ばない親はいません。

このときは，家庭訪問で「今までやったことのない漢字練習を自分からすすんでやるようになって，力もつきうれしい」とか，「漢字の書き方がていねいになり，正確に覚えてくれるようになった」とか言われて，とてもうれしい気持ちになったものでした。

そこで「宿題」も子どもがいやがらず，親も喜んでくれるやり方ならば，出してもいいじゃないか，と思うようになりました。〈宿題なんて必要ない〉というつっぱった考え方から，〈宿題だってたのしいかもしれないぞ〉という考え方の転換でもあります。

■家庭学習帳の登場

とは言っても，ただ宿題を強制するだけでは，芸がないというものです。それに，少数ですが，親によっては〈宿題を出してもらっては困る〉と考えている人もいるのです。例えば，子どもが進学塾に通っていて忙しく，しかも塾の宿題がある，なんてこともあるのです。そういう家庭では学校の宿題は子どもに対する余計な負担以外のなにものでもなく，放課後はできるだけ自由にしてほしい，と思っているのです。

ですから，一律で強制的な宿題，というのはやりません。宿題をやってくる，という言い方はしないで，「家庭学習帳」をやってくる，という言い方をしています。家庭で何かを勉強してきて，何か勉強したぞ，という証拠に「家庭学習帳」を提出する，というのです。

勉強の内容はなんでもいいのですが，「なんでもいい」と言ってもそれでは何をやったらいいのかわからない子が出てしまいます。ですから，こちらから「こんなことをやってみたらどうか」ということをいくつか言います。昨年までは，計算や漢字のドリル，読書，教科書の音読，日記を書く，など例をあげて，そのうち自分のやれることをやってくる，ということにしていました。勉強時間は５分でも10分でもいい，とにかく一日一回机に向かえばいい，ただし，土日や祝日は勉強もお休みしましょう，ということにしていました。

こうすると，熱心な子は文字通り毎回きちんと何か勉強してきます。反対に，ほとんど忘れてしまう子や，やったり忘れたりする子もいます。つまり，「家庭学習帳をやりなさい」と言っただけでは，子どもの取り組みはバラバラになります。

問題はここです。もともと押しつける気がないのだから，子どもの取り組みに多少のばらつきがあっても，強制せずに放っておく，という考え方もあります。でも，「やってほしい」と言ったからには，全員にやってほしいと思うのです。そこで，家庭学習帳の提出状況をチェックして，時々やってくるように勧告します。それは，具体的に勉強の仕方を教えることもありますし，ただやってくるように言うだけのこともあります。

■宿題はドリルの一本で

昨年までは，こんな形でやっていましたが，どうもすっきりしません。やはり，子どもの動きが「重そう」な感じがするのです。そこで，今年は家庭学習の内容を漢字と計算のドリルの繰り返しに限定してみました。

漢字も計算も授業時間の中で取り組むのですが，学校でやったことを家庭で繰り返し練習する，ということにしたわけです。とくに，計算ドリルは子どもによって早くできる子とゆっくりやっている子がいるので，進め方の調整ができて家庭学習として都合がいいなあ，と思います。今のところ７回くらい提出日があって，一回も提出していない子が36人中２人。なかなかの成績だと思います。

＊

こうしてみると，ぼくのやっていることもけっこう平凡だなあ，と思います。ただ，子どもの様子を見たり，時々気持ちを聞いたりしながらすすめています。そして家庭学習という宿題は，繰り返しのドリルという復習にほぼ限定している，という所がポイントかな，と思います。

漢字と計算　どんどんドリルのオススメ

●「漢字ビンゴ」と「型分け計算ドリル」は子どもたちに大人気

（初出No.296，05・6）

松崎重広　愛知・西尾市鶴城小学校

◆ドリルこそ楽しく

教師になって以来長年，ぼくは他の研究に夢中になりながらも，漢字と計算のドリル学習（スイスイできるようになるための反復練習）の研究にも力を注いできました。

「ドリル学習」というと，どの先生もその重要性を認めてはいますが，実際には意外に軽く考えていることが多いようです。ややもすると，「しごき」につながりかねないのが「ドリル」です。だから，「ドリルをどう日常の教育活動の中に位置づけているか」は，その人の教育観に大きく関わることだと，最近思うようになりました。

このことを端的に教えてくださったのは，西川浩司さん（兵庫・元小学校教師）です。西川さんはあるときぼくに次のようなことを言われました。

「漢字ドリル（小テストなど）ができなかったとき，多くの先生は，できなかった漢字をもう一度書かせたりします。私は，そんなことはしません。それはいじめになることもあるのです。私は，過去は問わないで，明日の漢字を勉強してもらうようにしています。この方がやる気になれるのです」

この言葉を聞いたとき，ぼくはびっくりしました。当時のぼくにはそんな発想はまったくなかったのです。

よく考えてみると，できなかったことを再確認させられる勉強より，次の日に効果が出る勉強の方が，子どもにとって気持ちよいのは明らかです。恥辱感より成就感の方が大きな力になることは間違いないのです。人が賢くなることは，本来「楽しいもの」であり，「うれしいもの」です。その保証はドリル学習でも不可欠だと思います。

しかし，そう言っているぼくも「子どもが楽しくドリル学習ができる」という具体的なやり方は，なかなかみつかりませんでした。いろいろな人から学び，最近になってやっと漢字と計算について，「これなら間違いなく子どもたちが楽しくドリルできる」というぼくなりのやり方に到達しました。このやり方が最高だとは思っていませんが，子どもたちが喜ぶことは間違いないと確信しています。その方法をここで紹介してみます。

◆ドリル学習の基本

まずは，子どもたち（小４）の授業感想文を読んでみてください。ぼくは，あらゆる学習評価の中で「意欲」，つまり「やる気」というものが一番重要だと思います。その評価が一番はっきりとわかるのが感想文です。

○私は松崎式どんどんドリルが大好きです。3年生までは，勉強をいやいややっていたけど，たんにんの先生が松崎先生になってから大きらいだった勉強が好きになりました。なぜかというと4年生の漢字はすごくむずかしいです。でも漢字ビンゴがあればかんたんにおぼえられるなんてすごい。もっとやりたーいって思っちゃうんです。算数の型分け計算ドリルも全部じゃなくて，たった1れつだけしかやらないので毎日毎日やっていくうちにだんだんおぼえられるんです。とてもふしぎです。今まで私の一番きらいなかもくは算数だったけど，今では算数が大好きです。とくに〈Ⓐ〉がとれると「よし！　次もがんばろう」って思えてきてやる気まんまんになれます。もうすぐ4年生もおわりだけど，自分で「なんか私ってかわったかなあ」って思います。松崎先生のおかげです。本当にありがとうございます。(宮崎史菜)

○どんどんドリルの良いところは，漢字も計算もいつもかんたんにできるところです。漢字ビンゴはおもしろいので，すぐ覚えられます。これなら漢字ぎらいでもすぐ覚えられます。ぼくは計算はちょっとにがてであまりはやくありません。でも，毎日やっていると，自然に早くできるようになってきました。最初は2年や3年にならった計算だったけど，今では4年生のわり算もできるようになりました。計算は「正しく早く」が大切。このドリルは，普通の計算より早くできるしおもしろいです。このどんどんドリルのおかげで，ドリルテストは全部合格でした。さいごのドリルテストでも，しっかりやって満点がとりたいです。(倉内穂高)

どんどんドリルには，ぼくが大切にしている教育観（教育原理）そのものが大きく関わっています。その特色をまとめてみると次のようになります。

〈できない子は私の先生〉……できない子から学び，その子が気持ちよくドリルできる方策をいつも工夫する。

〈過去は問わずに未来を明るく〉……しごきは厳禁。できなかったら明日のドリル学習を優先し，成就感を！

〈楽しい雰囲気を大切に〉……楽しさは人間を勤勉にする。やりたい人はどんどん。やりたくない人はそれなりに！

どんどんドリル・漢字編

漢字のドリルは「漢字ビンゴ」（後述）を毎日１枚，１年間やります。同じところを４回続けたら，次の漢字ビンゴに移ります。このドリルは，よほどのことがないかぎり，毎日やることにしています。子どもたちに「楽しさ」とともに，「漢字は毎日，少しずつ勉強するもの」という意識を身につけてほしいからです。

なお，漢字ビンゴと並行して，「毎日３行以上の漢字の宿題」も出しています。ただし，これは学校で５分ほどの時間をもうけているので，家に持ち帰らずにすませることもできます。ノートは毎朝出してもらい，日付と，３行やってあれば「Ⓐ」の印を入れます。宿題を忘れてもノートだけは出してもらい，日付と「×」の印を入れます。×が３回ほど続いたら，「そろそろやろうね」ということで放課などに翌日分の漢字３行をやってもらいます。

張り切って勉強する子のやる気を損なわない工夫もします。１ページをこえたら「はなまるA」，ノートが１冊終了したら，特別な印（ヤマネコマーク／右図）を押します。４年生の実践では，なんとノートが５冊までいった子が２人も出たほど，やる気になった子がたくさん出ました。これ

は単純な繰り返しですが，子どもたちは大変意欲的に取り組みます。やる気満々の子の勢いにつられて，苦手な子もやる気になり，1年の終わりには全員の子がノート1冊を終えました。

漢字ビンゴをやっていると，知らず知らずのうちに楽しく漢字になじむことができます。だから，月に1回行うドリルテスト(範囲を決めて行う実力テスト。今までのドリルのまとめ）の前に少し勉強するだけで良い点数をとることができます。ぼくは原則としてドリルテストのやり直し（追試）はしません。

この漢字ビンゴの方法は，研究会など（マッキーノ，名古屋西サークルなど）で教えてもらったことに，ぼくなりの工夫を加えたものです。ぼくのドリルは毎日，短時間であっさりとが原則です。だから，「ビンゴ」という形式をとりながらも，「ビンゴ！」と宣言することをしませんし，「〜賞」(マッキーノには早上がり賞，最多列賞，0列賞などがあります）も作りません。そのかわり，ビンゴの数だけスタンプを押しています。子どもたちはスタンプだけでもすごく喜んでくれるのです。

ぼくが最初にマッキーノに出会ったときは「ビンゴなんて低級なことを！」とばかにしていました。でも，実際にやってみると，漢字を苦手にしている子が，どんどん勉強するようになったので，おどろきました。ビンゴ方式だと，書いたり読んだりの「漢字の基本学習」が知

マッキーノとは

ビンゴゲームの要領で，マスの中に漢字や英単語などを書き込み，ゲームをしながら習熟していく方法のこと。名古屋の牧野英一さんが中心となって開発されたため，「マッキーノ」と呼ばれている。マッキーノについては，本書102，106，144，171ぺか『教室の定番ゲーム』1〜2（仮説社）に掲載されている。

らず知らずのうちに楽しくやれてしまうのです。だから，この方法はとても有効だと感じました。ともかく，「毎日の学習を雰囲気よく始めることができればいい」……そんな気楽な構えで，このドリルをすればよいと思います。

〔漢字ビンゴのやり方〕

①教師は漢字ドリル帳などの中から16文字選んでおき，漢字ビンゴの用紙（B５判，下図）を準備する。

②教師が用意した16文字の中から，各自が９字を選び，１マスに１字ずつ（下図の右のマス目）好きな字を書く。

③全員が９マスに漢字をうめたら，教師は子どもたち一人ずつとジャンケンをする。ジャンケンに勝った子は好きな漢字を１字選べる。負けた場合は先生が１字選んですすめていく。

④子どもたちは，自分の書いた９マスの表にその漢字があったら◯をつける。◯が３つつながったらビンゴ（タテ，ヨコ，ナナメどこでもよい)。ビンゴになった子も宣言はせずに，次々と進めていく。

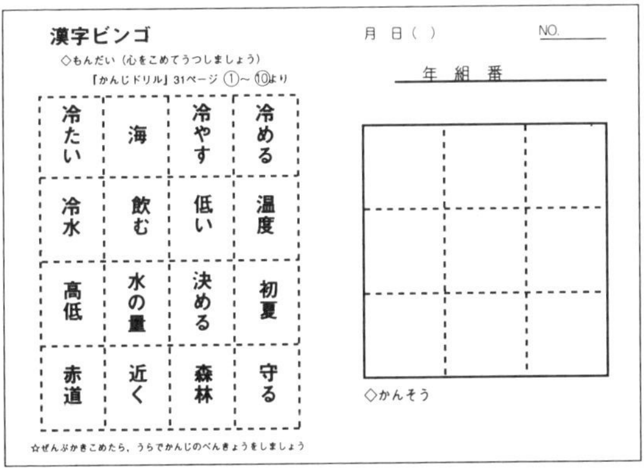

漢字ビンゴ　　月　日（　）　NO.

◇もんだい（心をこめてうつしましょう）

「かんじドリル」31ページ ①～⑩より

年　組　番

冷たい	海	冷やす	冷める
冷水	飲む	低い	温度
高低	水の量	決める	初夏
赤道	近く	森林	守る

◇かんそう

☆ぜんぶかきこめたら，うらでかんじのべんきょうをしましょう

＊これは小３の漢字ドリルの例です。

⑤８文字くらい選んだら，ビンゴは終了（８文字くらいが一番効果的です。何回もやって検証済み)。用紙を持って教卓の前に並び，ビンゴの数だけ「すごーい」の印をもらう。

どんどんドリル・計算編

計算ドリルというと，30数年前の新任教師の時に出会った，としひろ君のことを思い出します。彼とは２年間持ち上がりで，大の仲良しになった子です。この子が卒業したときに，ぼくは教師として大きな悔いが一つ残りました。それは，彼の一番苦手な算数，特にかけ算やわり算などの四則演算の基礎となる九九を教えきれなかったことです。ぼくは大学で，一応数学教育を専攻しました。だから，算数の授業にはちょっと自信があったのです。でも，やんちゃで腕白な彼はいつも「算数の勉強をするぞ」と言うと，するりと逃げ出して近所の山へカブトムシとりに出かけてしまうのです。

このときのぼくを今思い出すと,恥ずかしくなります。「君をできるようにしてやるのだ，文句あるのか」という善意の押しつけが全面に出た感じで，彼にずっと接していたのです。逃げ出すのは当然。小５になって一人だけ残って九九をやるなんて，彼には屈辱そのものだったのです。そのときのぼくは,「どうしたら自然に九九を使いたくなるか」という教え方を身につけていませんでした。ただ,彼は他の面で活躍できていました。だからぼくは,「他で輝くものがあるからいいや」とあきらめて，２年間を送ったのです。

そんなことがあって，ぼくには一つの大きな課題が生まれました。「小５や小６になっても，屈辱感なしに九九が覚えられる」，そんな計算練習の方法を工夫することです。その結果，行き着いたのがここで紹介する「型分け計算ドリル」です。基本は，筆算を中心とした科学的な計算体系を築いた水道方式です。やり方としては，「公文式」に通じるものがあるかもしれません。

計算ドリルも漢字ドリルと同じように，出来る限り毎日やります。ぼくは，友渕洋司編著『計算書・加減乗除のすべて 1999年版』（和歌山・日高仮説サークル）というガリ本を基本にして，計算のドリルを作っています。友渕さんの本は，水道方式の計算体系に基づき，ドリル問題が筆算中心で作ってあります。他にも同種の本はありますが，この本が一番使いやすかったです。

「水道方式」とは

「水道方式」は，「数学教育の現代化」の一環として，1960年に数学教育協議会（略して数教協）によって提唱された計算体系です。その内容は，「様々な種類の計算を，数少ない練習量でスムーズに理解習熟できるように，計算の型分け（例えば「３ケタの２数の加算で１の位が繰り上がる計算」とか）をして，一般（問題数の多いもの）から特殊（問題数の少ないもの）へ配列した計算体系」です。水源地から蛇口までスムーズに水が流れるように，ということで「水道方式」と命名されたのです。

なお，水道方式で重要なのは，型分け・順序とともに，それが「教具としてタイルを使って十進位取りを教える，筆算中心の計算体系」だということです。基本的には「型分けとタイル」を重視しますが，「教え方の体系」ではないので，「計算練習に至るまでに教師がどのように教この型分け計算ドリルは，〈できない子〉があらわれたときに特に力を発揮します。水道方式は，その子がどこでつまづいているか，どこをもう一度勉強したらよいのか，などということがすぐにわかるのです。だから機に応じて，計算力を定着させる一斉指導も，また，生徒一人一人の進度に合わせた個別指導もできるのです。

〈型分けドリル実践例・小４の場合〉

❶整数のかけ算	（×２桁まで）	１～34回
❷整数のわり算	（÷１桁）	35～66回
❸整数のかけ算	（３桁×３桁まで）	67～82回
❹小数の加減		83～104回
❺整数のわり算	（÷２桁）	105～125回
❻分数の加減		126～142回

上記の実践例は，それぞれが水道方式の型分けにそった配列になっており，そのままやっていけば無理なく学習が進められる。計算力の弱い子には，一部分の取り出し学習もできる。

＊小３はこの前に加減計算を追加して，❶までやれば良い。小５，小６はこのままでやれます。

えるか」ということは含まれていません。しかし，どのやり方でも「水道方式」であるなら，計算（ドリル）の指導の順序は同じになります。

参考文献としては遠山啓著『数学教育ノート』（国土社）の中にある「水道方式」の部分がコンパクトでわかりやすいでしょう。『おかあさんの算数教室』（毎日新聞社）や『算数の急所勉強法』（ほるぷ出版）は入門としては最もわかりやすいと思うのですが，現在は入手困難で，古本屋や図書館でしか見ることができないのが残念です。

授業の参考とするには，小学校では『現代化算数指導法事典』（明治図書），中学校では『現代化数学指導法事典』（明治図書）がおすすめですが，ともに絶版です。この事典は，学校の図書室か職員室にある可能性が高いので，探してみる価値があります。（『たのしい授業プラン算数・数学』仮説社，より抄録）

プリント(右図)は原則として同じものを行うのは1回だけです。最低限のドリル学習と時間短縮ということで，ぼくは，普通は全部ではなくプリントの1列のみを行います。けれど「ここは子どもたちの弱点だな」と感じる所はプリント全部をやったり，何回も同じプリントをくりかえしたりしています。

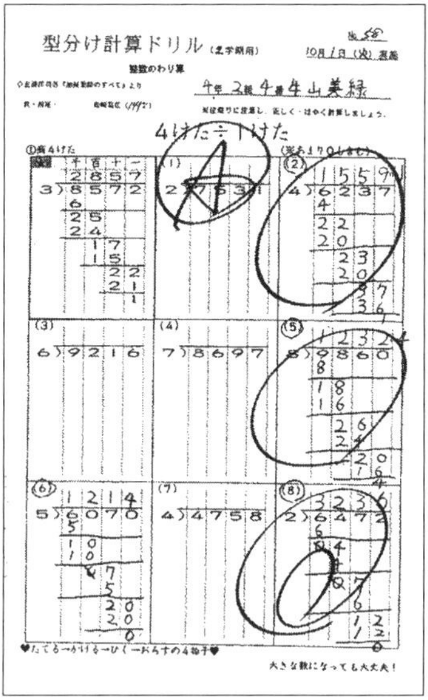

＊朝のドリル学習や算数の授業開始5分ほどを使っておこなう。普段の授業とは関係なく，授業の雰囲気作りと計算の習熟をめざすためだけに独立して実施する。

＊高学年でも九九の大きな表は掲示しておきたい(計算の苦手な子は表があると安心できる)。

〔型分け計算ドリルのやり方〕

①計算ドリルのプリントを用意したら，ドリルが早く終わった子のために，「今日の1問」を選んで，黒板に書いておく。(「今日の1問」は，教師がそのときに学習している内容から，一番ポイントになりそうな問題を1問決める。例，「1億－3」「100°の角を書こう」等。案外これが子どもの学力に響く！)

②子どもたちは，プリントをもらったら日付と名前を書き，今日やる箇所（原則はタテ1列のみ）を確認する。「今日の1問」は裏に書く。

③全員が用意できたのを確認したら，「Are you ready？→Yes！

→Ready go！」というかけ声で始める（集中力も大切に。その雰囲気作りをするのがポイント）。

④子どもは，表の一列が終わったら，「はい」と言う。先生は，1・2・3……とできた順番を言う。ただしこれは3分の2まで，あとは皆「20番」とする。

⑤表が終わった子は，裏の「今日の1問」をやる。それも終わったら，表の残りの問題をやる。

⑥1番に表を終えた子が答えを発表する。「計算は正しく早く」を確認し，次のようなマークをつける。

Ⓐ……全問正解，A……1問ぺケ，B……2問ぺケ，C……3問ぺケ，D……それ以上ぺケ。

Ⓐ，A，B，Cは合格，Dは「デラックス」ということで不合格。「明日の問題」を事前にもらう（Dだった子は，プリントをやってくれば次の日は笑顔で合格できる）。

◆より楽しいドリル論を

ずいぶん前ですが，ぼくがキャンプの応援に行ったとき，ある部屋で数人の子が漢字練習をさせられていました。それを監督していた先生に「楽しいキャンプなのに，どうして？」と聞くと，「この子たち，ドリルテストの勉強をなまけたの。だからここでおしおきしてるのよ」と言われました。ぼくはそれをきいてア然としました。その先生は，善意で子どもたちに漢字練習をさせていたのかもしれませんが，結果として「学びたい，勉強は楽しい」という一番重要な学習意欲をうばってしまっていることに気づいていないのです。先生からしてみれば「たかがドリル」ということでも，当の子どもにしてみればそれだけでは済まされない，イヤなこともたくさんあるのです。

先生になるには，大学の教職課程で「教育原理」という講義をだいたい受けます。しかしぼく自身，その講義が現場で役立ったことは皆無でした。でも，最近になって，本当の意味での「教育原理」が教師には必要だということがわかってきました。ぼく自身は，それを仮説実験授業や水道方式の計算理論で学びました。「これから学ぼうとする子どもが，どんな内容でどんな手順で学んだらより楽しく学べるか」の手だての研究は，教育原理に基づかないと構成できないと思うのです。

今，どこの学校でも，学力をつけるために「100マス計算」などのドリルをやっています。しかし，その根底に「より楽しくなる手順の開発」とか「しごきになるなら撤退する」といった工夫，つまり教育原理がなかったら，やればやるほど傷つくのは当の子どもであることを忘れてはいけません。「子どもたちが楽しくなってつい勉強してしまう」そんなドリル論が巻き起こることを期待しています。

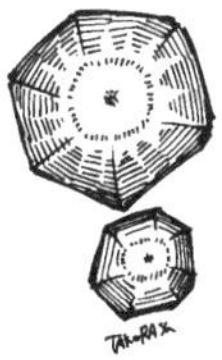

子どもが楽しむドリルってあるんだね

●笠井式ドリルはおすすめです

（初出No.296，05・6）

町屋恵子　千葉・松戸市高木小学校（当時・貝の花小学校）

●ドリルベタな私

何をかくそう私は子どもたちにドリルをさせるのがとっても苦手です。なぜかっていうと，自分が子どものころ，ドリルって「いやなもの」って思ってたからです。

教育パパであった私の父は，おみやげ（！）に『5分間計算ドリル』なるものを買ってきて，「これが○ページおわらないと外へ行っちゃダメ」なんて命令しちゃって，「こんなもの，いらない！」と何度思ったことか。ま，今思えばあまりに算数のできない娘へのありがたい家庭教育だったのでしょうが，ドリルっていうと，あれを思い出し，「あんなイヤなものを子どもたちに押しつけることはできない」と心のどこかで思っているので，特に計算ドリルは，させるのも○をつけるのも，大キライでした。

しかし，それとは全く反対に，「でも，3＋5＝8とか，6＋5＝11とか，そういう計算は，やっぱりスラスラできるようになららないと，この先ずっと困ることになるから，ドリルはさせなくちゃいけないんじゃないかな」とも思ってしまうのです。

そりゃあ，いくらキライだとはいえ，全くドリルさせないってことはないし，○もつけないなんてことはありません。でも，練習を私はさせているつもりでも，早く計算ができず，たくさん計算できるようにもならない子どもたちを見ていると，やるのがムナシクなってきてしまう――そんな繰り返しの今までのでした。

●伊藤恵さんの授業をみてショック

ドリルの少なさを自覚しつつも，子どもにムリ・ムダなことをさせるよりはマシだと思って，あえてドリルをしっかりやることもせずここまできてしまいました。

ところで，最近，伊藤恵さん（メグちゃん）の授業を見せていただく機会がありました。メグちゃんは「ドリルも楽しくやっている」ということは『たのしい授業』（No.119）で読んで知っていたので，本命は仮説実験授業《生物と種》の授業を見せていただくことだったのですが，「ちょっぴり早く行って，ふつうの授業も見せてもらっちゃおうかな」などと，何の前ぶれもなく少し早く到着して，算数の授業も見せてもらったのです。

そして，そこでガ～ンと頭をたたかれるようなショックを受けてしまったのです。仮説実験授業は言わずと知れたすばらしいモノだったのですが，「オマケにネっ」ぐらいの気持ちで見せてもらった算数の授業で，すでに私は大ショックを受けてしまったのです。

さあ，それじゃ，どんなスゴイ授業だったのでしょうか。

それがなんと，やっていることはいたって簡単！　前にもメグちゃんが「やっぱり人間って進歩するよ」(『たのしい授業』No.119，計算ドリルのやり方は下に再録）で書いていたように，キッチンタイマーを使って時間をくぎり，決まった計算ドリル（ミニテスト）をし，答えあわせをする——の繰り返しです。

しかし，その早さにびっくりです。何しろ計算が早い！　そしてそれを見て私のノーミソを「そうか！　このくらい早くないと，やっぱりダメなんだ！　このくらい早くできるんだ!!」との思いが電気みたいにかけめぐりました。

私も算数の講座などで「〈繰り上がりも繰り下がりもないたし算・ひき算〉は，暗算でできるようにさせないといけない」とは聞いていたのですが，私の場合，前に書いたようにドリルをうまくさせられなかったので，「とにかく時間はかかるけれど一応計

（初出No.296，05・6）

計算ミニテストのやり方

伊藤　恵
東京・日野市第七小学校

ワタシは１年生の４月からタイルの操作や数字・数式の書き方をかなり徹底的にやります。その後，笠井正之先生考案の計算ミニテスト（ドリル）を毎日のように２枚（＋算－算各１枚）やるのですが，「今日もミニテストやるよ～」というと，子どもたちは「イエ～イ」「ヤッタ～」などと言って喜ぶのです。

①45問をバラバラに配列した問題用紙を，４種類（配列の仕方を変える）用意します（83ぺ参照）。たし算用とひき算用で計８パターン必要ですが，大きさはＢ６ですから，Ｂ４の上質紙で４種類一度に印刷して，あとでカットします。毎日２枚ずつやっても途切れることがないように，大量に印刷しておくのがコツです。

②１枚配ったら裏返しにしてお

算ができる」だけで，ほとんどの子がスラスラと暗算（答えが20までのたし算と20以下の２数のひき算）ができるところまでは達していなかったのです。

メグちゃんの授業は，２年生だったので，見たのは九九だったにしろ，こんな調子でたし算，ひき算をやってきた子たちとそうでない子たちとでは，雲泥の差があることはあきらかです。

「こういうドリルは，やってあげなくてはいけない！」という思いでいっぱいになり，授業の後でメグちゃんにやり方をうかがうと，「前に同じ学校にいた笠井正之先生に教えてもらったものだから，連絡しておくので，直接聞いてみてください」と言って，笠井先生を紹介してくださいました。

笠井先生は，自分でお作りになったプリントを快く貸してくださったので，さっそく私もとりくんでみることにしました。しか

いて，「ヨーイドン！」の合図で表を向けて始め，３分間のタイマーの合図でやめる。

③時間がきたら，すぐとなりととりかえっこをし，ワタシが答えを読み上げ（なれてきたら子どもでもよい），となり同士○をつけます。

④名前の横の空欄に，花マルや点数を入れたら，２枚目を配る。――以下同様。４枚やると約１時間。なお，ワタシは問題用紙とは別に，点数をひかえたり花マルを書き入れる用紙（下図，Ｂ６）を全員に配って，教科書にはらせておきました。進歩が目に見えてわかるので，よろこんでいました。

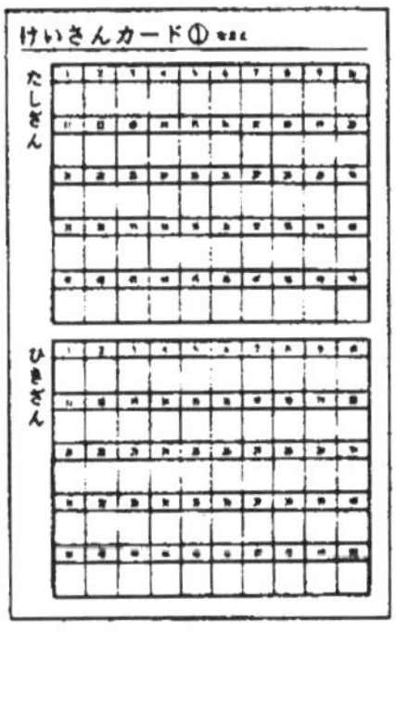

〔『たのしい授業』No.119，より抄録〕

し，もうすでに１年生の３月に入っていたので，２年生でとりくむことにしました。たし算・ひき算は，「ぜひとも子どもたちにつけてやりたい力だ」と前から思っていたのに，なかなか実現できなかったことだったのです。

●やってみたら大歓迎

笠井先生のプリントは45問をバラバラに配列したものです（答えが10までの１ケタの２数のたし算は，「１＋１」から「９＋１」まで，合計45種しかない。本書83ぺ参照）。〈答えが10までのたし算〉と〈10以下の２数のひき算〉，〈答えが20までのたし算〉と〈20以下の２数のひき算〉がそれぞれ配列をかえて４種類（枚）あり，計16種類のプリント（本書83〜99ぺに収録）があります。

２年生でやったのですが，まずは答えが10までの１ケタのたし算，９以下の２数の１ケタのひき算から行いました。これを各３分間でやってすぐ答え合わせをするのです。

子どもたちに配って，やり方を説明しようとすると，「え〜っ!! こんなにやるの？　できないよ！」と騒ぎだしました。うん，そうでしょうね。今までこんなにたくさんいっぺんにやったことなかったから，子どもたちには一生懸命説明しました。「あのね，最初はなれていないからできないかもしれないよ。でもね，なれてくるとやり方はわかっているんだから，どんどんのびてくるよ。早くなっていくの。できるようになってくるから安心して，がんばってみてね」――そんなふうなことをお話しました。

そして第一回目のドリル。やっぱりできない子（３分間で全部は終わらなかった子）が半分くらいいました。終わった子は「こんなにできた」と満足そうでしたが，「もう少しだったのに」という子は「次はがんばるぞ！」と，もうやる気をだしています。そしてすぐ次の２回目。「もう少しだった」子は，２回目でもう合格している子もいます。「わぁ！　２回目でできた！」と喜んでいる子は，あきらかに自分の進歩ぶりに喜んでいます。

こんな調子で，初日だけ４枚やりましたが，あとは毎日２枚ずつやることにしました。

最初は「え〜っ！」と言って「できないよ〜」と言っていたかずき君（算数の超苦手な子）も，やるごとにできる数がどんどんふえ，算数の時間の前になると，

かずきくん「ね，次も計算テストやる？」

私「うん，やるよ」

かずきくん「やったぁ！」

と言うようになってきました。他の子も「は〜い，じゃミニ計算やりまーす」というと，みんな

やった〜!!

と喜ぶのです。

ふだんのプリント類は，画用紙で作った〈簡単ファイル〉を使って保存させています。これも笠井先生に教わったもの。プリント整理に便利です。画用紙を２つ折りして，パンチで穴をあけ，園芸用の「はり金入りビニールひも」を穴に通して，うらからセロテープでとめます。そのまま家に持ち帰れるし，表紙に絵でも印刷する

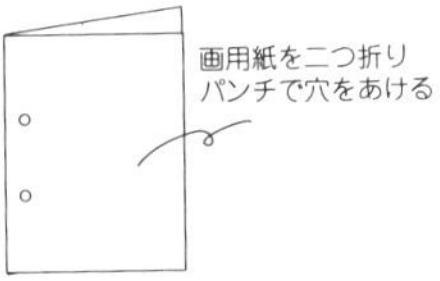
画用紙を二つ折り
パンチで穴をあける

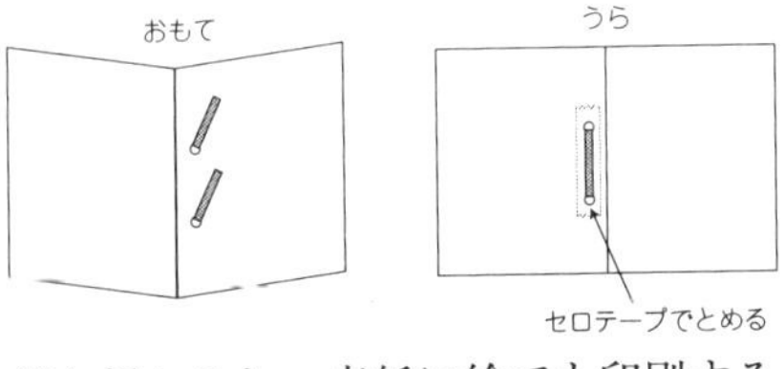
おもて
うら
セロテープでとめる

とかわいくて，低学年の子でも作れるし，使い方が簡単です。この算数ドリルも〈簡単ファイル〉にとじると，たくさんできたのがうれしかったのでしょう，「持ってかえってお母さんに見せたい」という子がたくさんいたのも，私には驚きでした。

一学期の終わりに書いてもらった「学習でがんばったこと，2年生になってできるようになったこと」という作文には，33人中22人が「ミニ計算をがんばった」「できるようになった」「(くり上がり・くり下がりが) あと6問になった」「計算がはやくなった」「全部できるようになった」などと書いてくれました。もちろん，こんなことは今までで初めてです。

『たのしい授業』(No.119) のメグちゃんの記事を見ると，メグちゃんの学級では答えが20までのたし算と，20以下の2数のひき算は，全員が1分でできるそうですが，まだ私のクラスではそうはいきません。どうしても，3分で45問終わらない子が数名いるのです。でも，その子たちも少しずつですが，できる問題数が増えてきています。また，ほとんどの子は，1分半〜2分以内には終わっているし，答えが10以下のたし算と9以下の2数のひき算の方は3分で全員が終わるようになったので，できれば2分〜1分半ぐらいに目標をきめてまたやってみようかなと思っています。子どもたちに，もう少しくわしく〈この計算が好きだったか〉〈ためになったか〉〈どんなところがよかったか〉など，聞いてみたいと思っています。

●自分の進歩がわかると楽しい

メグちゃんが『たのしい授業』に書いていたように，「子どもたちが自分自身の進歩を味わえる授業」って，ほんとうにあるんだなと実感しています。このドリルを知る前は，自分自身の算数とドリルへの苦手意識から，まさか，こんなことを子どもたちが喜ぶなんて思いもよらないことでした。だから，やってみようとも思わなかったのです。

ほんとうに，授業を見せてもらってよかったなーっ，と感謝の気持ちでいっぱいです。

これが私にマネできないことだったら，私はただズーンと沈むだけだけど，結果は子どもたちに喜んでもらえたし，何しろ「今まで持った学級の中で一番計算ができる！」と私が自分に自信をもてたのがすごいと思うのです。私もマネなんだけど，自分が進歩してるから楽しいんですね，きっと。ずっと，ずっと，ずっとやりたくて，でもできなかったことだったから，本当にすごくうれしいんです。

同じ『たのしい授業』(No.119) にのっていた「ひらがなミニテスト」(教師が短文を読み上げ，それをひらがなで書き取る) はやっていなかったので，こんど１年生を持ったら，ぜひやってみたいと思います。これを読んだ時は，「ふうん。でも，私にはやれないよナ」とつい思っちゃったんです。もったいないことをしました。でも，今度はとってもいい見通しが持てるので，ぜひぜひやってみたいと思います（２年生だけど，やっぱり時々やってみようかな？）

●りきまる君のかけっこ

話はいきなり体育のことになりますが，私はいつも外の体育の時には，校庭を１周走らせていました。最初は「かわいそうだナ」と思ってやっていなかったのですが，マラソン大会などで急に走らせようとしてもムリだし，やっぱり積み重ねている人には勝てません。それで，２年生になってから走らせることにしたのですが，気になるのはおすもうさんみたいなりきまる君です。130cmくらいの身長で45kgぐらいあるのかな？　もうとにかく動くのが大変です。もちろん校庭１周も，私が後ろから「ガンバレ！ガンバレ！」と一緒に走ってやっと走っているという感じです。でも，もうみんなは走りおわって「まだかな～？」と待っている状態です。私は自分がこれまた走るのもキライなので，時々はりきまる君と走りながら，「私だってホントはいやなんだ。りきちゃんだってやめたいだろうな。私ってゴーモンのようなことしてるよな……」と思っていました。

ちょうど，算数のミニ計算で〈全問○《マル》〉の子がずいぶん増えてきたころ，フッと「もしかしたら，これも計算と同じように時間でくぎった方が自分の進歩が見えるんじゃない？」と思いついたのです。

そこで，走る時間を２分にしてみました。一番速い子が，１分くらいで１周（約300mくらい？）走るのですが，距離に関係なく，とにかく２分走ったら止める。そうしたらみんなで一度に終わることができるじゃないか――と思って，やってみることにしたのです。

一回目の時は，「これから２分で笛をならすから，そこで止めて集まってきてね。この次は，止まった所をおぼえておいて，それより先へ行けるといいよね」と言ってはじめました。私はいつもの伴走をやめて，みんなの走るのを見ていました。特にりきまる君は気になります。見ていると三分の一くらい走ったところでもう休んでいます。「うーん，やっぱりつらいんだろうな……」その後は歩いてしばらく止まって……「ピーッ」２分で二分の一周しかいきませんでした。

二回目の体育。この時は，気候がよかったのか体調がよかったのか，なんと休まずに三分の二周ほど行ったころ「ピーッ」と笛。みんなも私もびっくり。「先生，りきちゃんすごいよ！　ブランコのところまできてる」「うん，ほんとがんばったね」。りきちゃんもニコニコ。いつもだったら，止まっちゃうりきまる君を，口には出さないけど，「ダメなやつだな～」と思っちゃう私は，きっと他の子どもたちにもそう思わせてきたんだろうな。

さて三回目。この日はちょっと暑い日で，りきちゃんもちょっと力が出ない。三分の一周くらいのところで歩きはじめた。「うーん，今日はダメだな」とあきらめていたら，何とりきちゃん，また走り出した。ちょっと歩く，でもまた走る，走る。

私はその姿を，以前の姿――私がりきちゃんのおしりをつっつきながら走るのと，頭の中で重ねあわせていました。自分の進歩を思い浮かべながら努力するのと，やらされていやいやするのでは，どんなに違うことだろう。みずから走るりきまる君をみつめながら，私は深く深く反省したのでした。

りきまる君は，結局，ブランコの後ろのあたりまでくることができました。みんなと全く同じに２分で１周はできなくても，みんなも，りきちゃんのがんばりにあたたかい拍手をしてくれるのでした。そして，自分たちも「この前より速かったよ」とか「今日は調子が悪かったな」とか評価しています。もちろん，みんなうれしそうでした。

●子どもたちが自分自身の進歩を味わえる授業

伊藤恵さんは「やっぱり人間って進歩するよ」（『たのしい授業』No.119）の最後にこんなことを書かれています。

> 以上，いくつか実例をあげてきましたが，「子どもたちが自分自身の進歩を味わえる授業」というのは，この他にも，運動能力的に有能になったと感じられる授業や，暗記の授業など，いろいろあるような気がします。今はまだはっきりしなくても，教師が一方的に子どもの進歩を評価するのではなく，何よりもまず子ども自身の評価に耳を傾けていけば，いずれ少しずつそういうものがわかってくるのではないかという気がします。そうやって，「子どもたちの進歩が輝くような具体的方法をこれからも増やしてゆきたい」と思ってやみません。子どもの進歩が輝くとき，それが「ワタシの進歩が輝くとき」でもあるからです。

もう，「うん，うん，うん，うん」とうなずくばかりです。「子どもたちの進歩が輝くとき，それが〈ワタシの進歩が輝くとき〉でもあるからです」というところは，本当にそうだなと思います。私はただ単純にマネして子どもたちに喜んでもらって，こんなに幸せな気分になれるんですから。もちろん，仮説実験授業もそうなんですけどね。

以前，「〈先生がタイマーを持ってドリル（九九の練習）をさせるつまらない授業に疑問をもった〉というお母さんが，九九をたのしく練習できる教具を開発した」という記事が新聞にのっていました。「九九をたのしく練習できる教具」が本当なら，それもすばらしい。でも，今は「タイマーを使ってドリルしたって，子どもたちが喜ぶことだってあるんだよ！」って言いたい感じです。

とにかく「具体的な方法」を考えるのはなかなかむずかしいことですが，それだからこそ，他の人から学んだり考えていけたらいいなと思っています。（1996.7.20）

〔追記〕　ここに紹介したのは，〈習熟のためにするドリル〉なので，習ってすぐにこのプリントでしごくわけではありません。新居信正さん（徳島・元小学校教師）がおっしゃっていたように，「知って，覚えて，みがいて，使う」の〈みがく段階〉での話です。知る・覚える段階では，タイルを使い，ていねいに扱うことは当然のことです。また，荒井公毅さん（東京・上総湊健康学園）が「たし算・ひき算の筆算用ドリル」を作られているので，それを使って成果をあげている方もいるようです。

とにかく，子どもたちが自分の進歩が見えるように，そして単なる苦行にならないように注意してやることが必要だと思います。進歩がわかれば子どもたちは確実に自信をもつことができます。自信をもって楽しくドリルができるといいですね。

＊荒井さんのドリルは以下の３冊があります（B５判，税・送料別各1500円）。『くりあがりのないたし算　くりあがりのあるたし算』『くりさがりのないひき算　くりさがりのあるひき算』『１ケタ×１ケタのかけ算＆２ケタ×１ケタのかけ算』。それぞれ１ページ10問で200ページあります。仮説社でも販売しています（書店では販売していません）。

＊笠井正之さんのドリルは本書83～99ぺに，配列の仕方を変えた16種類のプリントを全て掲載しました。コピーをすれば，そのまま使えます。

(初出No.298，05・8)

たのしいほうが

岩手・佐藤由紀

『たのしい授業』(No.298) の「漢字と計算どんどんドリルのオススメ」(松崎重広)，「子どもがたのしむドリルってあるんだね」(町屋恵子) おもしろかったです (本書58ぺと70ぺに再録)。

自習課題や宿題とかに，毎日使っているドリルですが，時間を区切ったり，自分で目標を決めたりすると，漠然とやっていたドリルでも「できる」「わかる」「自分のノーミソが賢くなった」と子どもたち自身が実感できるんだなぁ，と考えさせられました。

私自身も教員採用試験の勉強の時，ドリル方式の問題で×ばかりだと滅入ったりするけど，何度も勉強してからドリル方式をやって○の数が増えると，自分が少しカシコクなったようでとっても嬉しかったです。

「目に見えて成果が分かる」と子どもたちもとても喜ぶし，「次はもっと早くやろう!!」と意欲まんまんになりますよね。授業の中でそれが実感できることはとてもすばらしいことだと思います。是非，1年生でも真似してみたいです。 話は変わりますが，1年生でまだひらがなに手こずっている子に，どうやってひらがなをおぼえさせようかと考えていたら，同僚の先生から，「〈㋔おむらいす〉のように，苦手なひらがなの文字と，食べものでも動物でもマンガでも，何か好きなもののイメージを結びつけて覚えるようにしてみたら」と言われ，ナルホド！

普通の「あいうえお表」しか頭になかった私は「うーん，いいね。だったらその子のオリジナルのあいうえお表をいっしょに作ってみようかな」と考えています。ワークシートをいきなりやるよりはたのしいほうが良いですものね。

計算ドリル

編・作製　笠井正之

〔編集部注〕本書70ペに紹介されている，笠井正之さんの計算ドリルを，笠井さんの許可を得てここに転載させていただきます。

計算ドリルは，問題の組み合わせ次第で，いくらでも作れますが，「ちょうどここに掲載する枚数，各4枚が適当」――とのことです。つまり，「10までのたし算」「同ひき算」「10までのくりあがりありのたし算」「10までのくりさがりありのひき算」については，コピーすれば教室でそのまま使えます。

次ページからのドリル用紙上段には4つの空欄があります。その，「のこり」には，制限時間内に解けなかった数を，「まちがい」には誤答した数を，そして「あわせて」には誤答と未解答の数を記入。制限時間より早く終わる子は解答までにかかった時間を「タイム」に記入（教師がタイマーで時間を教える）。右上の「(　／　)」には日付。その下の「○」は全問正解のとき花マルを書く欄です。

扱い方は，本書70ペからの町屋恵子さん，伊藤恵さんの記事をご参照ください。

＋たし算①　名前　（　／　）

（10まで）

のこり	まちがい	あわせて	タイム
			分　秒

7＋2＝	1＋2＝	5＋5＝
1＋5＝	2＋6＝	2＋4＝
3＋2＝	7＋1＝	8＋2＝
4＋6＝	2＋2＝	4＋3＝
8＋1＝	3＋4＝	6＋1＝
1＋6＝	1＋7＝	3＋1＝
5＋3＝	2＋1＝	2＋3＝
1＋1＝	3＋3＝	4＋4＝
2＋7＝	2＋8＝	9＋1＝
4＋2＝	1＋4＝	1＋8＝
6＋3＝	4＋5＝	5＋1＝
5＋2＝	1＋3＝	6＋2＝
3＋6＝	3＋7＝	3＋5＝
1＋9＝	4＋1＝	7＋3＝
2＋5＝	6＋4＝	5＋4＝

➕たし算②　名前　　　　（　／　）

（10まで）

のこり	まちがい	あわせて	タイム
			分　秒

$4+5=$

$1+3=$

$3+7=$

$4+1=$

$6+4=$

$1+6=$

$5+3=$

$1+1=$

$2+7=$

$4+2=$

$1+8=$

$7+3=$

$5+4=$

$6+3=$

$9+1=$

$5+2=$

$3+6=$

$1+9=$

$2+5=$

$3+4=$

$1+7=$

$2+1=$

$3+3=$

$2+6=$

$1+4=$

$6+1=$

$3+1=$

$2+3=$

$7+1=$

$2+2=$

$1+2=$

$2+4=$

$8+2=$

$4+3=$

$7+2=$

$1+5=$

$3+2=$

$4+6=$

$8+1=$

$4+4=$

$5+1=$

$6+2=$

$3+5=$

$5+5=$

$2+8=$

➕ たし算③　名前　　　　　　　　(　／　)

(10まで)

のこり	まちがい	あわせて	タイム
			分　秒

7＋1＝

1＋9＝

3＋7＝

4＋6＝

8＋1＝

1＋6＝

5＋5＝

2＋4＝

2＋7＝

4＋2＝

6＋3＝

5＋2＝

3＋4＝

1＋7＝

2＋1＝

3＋1＝

2＋3＝

4＋4＝

5＋3＝

1＋1＝

7＋3＝

5＋4＝

3＋3＝

2＋8＝

4＋1＝

1＋2＝

2＋6＝

4＋5＝

1＋3＝

3＋6＝

2＋2＝

3＋5＝

8＋2＝

4＋3＝

6＋1＝

1＋4＝

6＋4＝

2＋5＝

9＋1＝

1＋8＝

5＋1＝

6＋2＝

7＋2＝

1＋5＝

3＋2＝

たし算④　名前　(　／　)

(10まで)

のこり	まちがい	あわせて	タイム
			分　秒

6＋3＝

1＋3＝

8＋2＝

9＋1＝

2＋1＝

1＋6＝

5＋3＝

1＋1＝

2＋7＝

4＋2＝

2＋5＝

2＋2＝

3＋7＝

4＋5＝

1＋7＝

7＋1＝

3＋6＝

1＋9＝

4＋4＝

3＋4＝

2＋8＝

5＋4＝

3＋3＝

8＋1＝

1＋4＝

5＋5＝

3＋1＝

2＋3＝

5＋2＝

4＋1＝

6＋1＝

2＋4＝

7＋3＝

4＋3＝

7＋2＝

1＋5＝

3＋2＝

4＋6＝

2＋6＝

1＋8＝

5＋1＝

6＋2＝

3＋5＝

1＋2＝

6＋4＝

たし算①　名前　（　／　）

（くりあがりあり）

のこり	まちがい	あわせて	タイム
			分　秒

6＋9＝	9＋3＝	8＋2＝
7＋7＝	2＋8＝	9＋6＝
5＋8＝	9＋7＝	7＋6＝
2＋9＝	7＋3＝	9＋4＝
4＋7＝	3＋8＝	6＋5＝
7＋9＝	7＋5＝	9＋9＝
8＋6＝	9＋8＝	8＋3＝
9＋1＝	8＋4＝	4＋8＝
3＋7＝	4＋6＝	1＋9＝
5＋6＝	5＋9＝	6＋8＝
8＋5＝	8＋7＝	5＋5＝
3＋9＝	7＋4＝	4＋9＝
6＋4＝	9＋2＝	9＋5＝
8＋8＝	6＋6＝	7＋8＝
5＋7＝	8＋9＝	6＋7＝

たし算② 名前 (/)

(くりあがりあり)

のこり	まちがい	あわせて	タイム
			分 秒

5＋6＝

6＋8＝

9＋5＝

7＋8＝

8＋5＝

3＋8＝

4＋6＝

9＋8＝

7＋9＝

9＋2＝

5＋5＝

8＋6＝

4＋7＝

9＋4＝

6＋7＝

8＋3＝

5＋9＝

7＋3＝

6＋4＝

9＋6＝

8＋4＝

9＋3＝

6＋5＝

2＋8＝

7＋7＝

3＋9＝

9＋1＝

7＋5＝

8＋8＝

4＋9＝

7＋6＝

1＋9＝

7＋4＝

6＋9＝

8＋7＝

2＋9＝

6＋6＝

5＋7＝

9＋9＝

3＋7＝

8＋9＝

4＋8＝

8＋2＝

5＋8＝

9＋7＝

＋ たし算③　名前　　　　　　　　（　／　）

（くりあがりあり）

のこり	まちがい	あわせて	タイム
			分　　秒

8＋3＝

9＋6＝

5＋8＝

2＋9＝

4＋7＝

6＋4＝

4＋8＝

9＋1＝

3＋7＝

7＋8＝

8＋5＝

7＋7＝

9＋5＝

5＋6＝

6＋7＝

6＋9＝

8＋8＝

9＋9＝

7＋3＝

3＋8＝

1＋9＝

5＋7＝

8＋2＝

4＋9＝

9＋2＝

8＋6＝

7＋4＝

4＋6＝

9＋8＝

8＋7＝

8＋4＝

7＋9＝

6＋6＝

9＋4＝

6＋5＝

7＋6＝

2＋8＝

3＋9＝

9＋7＝

6＋8＝

5＋5＝

8＋9＝

7＋5＝

9＋3＝

5＋9＝

＋ たし算④　名前　（　／　）

（くりあがりあり）

のこり	まちがい	あわせて	タイム
			分　秒

9＋2＝

8＋4＝

7＋7＝

9＋3＝

6＋9＝

3＋8＝

9＋1＝

5＋9＝

4＋7＝

6＋6＝

2＋9＝

4＋8＝

8＋2＝

5＋8＝

7＋9＝

8＋8＝

1＋9＝

7＋3＝

4＋6＝

9＋8＝

8＋5＝

3＋9＝

5＋6＝

6＋8＝

9＋5＝

4＋9＝

8＋6＝

7＋5＝

8＋3＝

9＋7＝

6＋4＝

9＋6＝

7＋4＝

2＋8＝

8＋7＝

7＋6＝

6＋5＝

5＋7＝

9＋9＝

3＋7＝

5＋5＝

8＋9＝

6＋7＝

9＋4＝

7＋8＝

ー ひき算①　名前　　　　　　　　(／)

(10まで)

のこり	まちがい	あわせて	タイム
			分　秒

9－6＝

2－1＝

7－2＝

5－3＝

10－5＝

8－1＝

6－4＝

9－3＝

4－3＝

7－6＝

10－2＝

7－4＝

4－1＝

10－9＝

8－5＝

8－2＝

10－4＝

6－3＝

5－1＝

4－2＝

10－1＝

8－3＝

3－2＝

6－5＝

8－6＝

7－1＝

9－2＝

5－4＝

9－8＝

10－6＝

9－4＝

8－7＝

6－1＝

10－8＝

7－5＝

9－7＝

7－3＝

10－7＝

6－2＝

9－1＝

5－2＝

8－4＝

10－3＝

3－1＝

9－5＝

ひき算②　名前　（　／　）

（10まで）

のこり	まちがい	あわせて	タイム
			分　秒

$6-2=$

$8-7=$

$6-1=$

$4-2=$

$7-5=$

$10-1=$

$8-3=$

$3-2=$

$10-6=$

$8-6=$

$7-1=$

$9-2=$

$5-4=$

$9-8=$

$10-8=$

$9-6=$

$2-1=$

$7-2=$

$8-2=$

$10-5=$

$8-1=$

$6-4=$

$9-3=$

$7-3=$

$10-4=$

$6-3=$

$5-1=$

$6-5=$

$9-7=$

$5-3=$

$4-3=$

$7-6=$

$10-2=$

$9-4=$

$4-1=$

$10-9=$

$8-5=$

$10-7=$

$9-5=$

$9-1=$

$5-2=$

$8-4=$

$10-3=$

$3-1=$

$7-4=$

ー ひき算③　名前　　　　　　　　(／)

(10まで)

のこり	まちがい	あわせて	タイム
			分　秒

5 − 2 =

4 − 3 =

10 − 3 =

3 − 1 =

9 − 5 =

8 − 1 =

7 − 4 =

9 − 3 =

8 − 4 =

7 − 6 =

10 − 2 =

6 − 4 =

4 − 1 =

10 − 9 =

8 − 5 =

7 − 5 =

6 − 5 =

7 − 3 =

5 − 1 =

4 − 2 =

10 − 1 =

9 − 2 =

3 − 2 =

9 − 7 =

8 − 6 =

7 − 1 =

8 − 3 =

9 − 4 =

8 − 7 =

6 − 1 =

5 − 4 =

6 − 2 =

10 − 6 =

10 − 8 =

8 − 2 =

10 − 4 =

2 − 1 =

10 − 7 =

9 − 8 =

9 − 1 =

9 − 6 =

6 − 3 =

7 − 2 =

5 − 3 =

10 − 5 =

一 ひき算④　名前　（　／　）

（10まで）

のこり	まちがい	あわせて	タイム
			分　秒

7 − 3 =

10 − 4 =

6 − 3 =

5 − 4 =

6 − 5 =

10 − 1 =

8 − 3 =

9 − 1 =

10 − 6 =

8 − 6 =

7 − 1 =

9 − 2 =

5 − 1 =

9 − 8 =

4 − 3 =

10 − 3 =

3 − 1 =

7 − 4 =

5 − 3 =

10 − 5 =

8 − 1 =

7 − 2 =

9 − 3 =

7 − 6 =

4 − 2 =

9 − 6 =

2 − 1 =

8 − 2 =

9 − 7 =

10 − 8 =

6 − 1 =

3 − 2 =

10 − 2 =

7 − 5 =

4 − 1 =

10 − 9 =

8 − 5 =

10 − 7 =

9 − 5 =

6 − 4 =

5 − 2 =

8 − 4 =

9 − 4 =

6 − 2 =

8 − 7 =

− ひき算①　名前　　　　　　　　（　／　）

（くりさがりあり）

のこり	まちがい	あわせて	タイム
			分　秒

10−7＝

12−4＝

13−6＝

14−9＝

11−9＝

16−8＝

15−7＝

11−5＝

12−8＝

10−2＝

14−8＝

11−3＝

10−6＝

13−4＝

17−9＝

12−6＝

10−3＝

11−7＝

18−9＝

10−8＝

13−7＝

12−3＝

15−8＝

11−2＝

14−7＝

13−5＝

11−6＝

15−9＝

10−9＝

14−5＝

10−4＝

16−7＝

13−9＝

11−4＝

10−5＝

13−8＝

12−9＝

14−6＝

12−7＝

11−8＝

15−6＝

10−1＝

17−8＝

16−9＝

12−5＝

− ひき算② 名前 (/)

(くりさがりあり)

のこり	まちがい	あわせて	タイム
			分 秒

14−8＝	13−5＝	15−7＝
10−7＝	11−6＝	10−1＝
15−9＝	16−7＝	17−8＝
13−7＝	10−8＝	16−9＝
17−9＝	14−5＝	12−5＝
11−2＝	12−6＝	10−4＝
12−9＝	10−3＝	15−6＝
13−6＝	11−7＝	13−9＝
14−9＝	18−9＝	11−4＝
11−5＝	12−3＝	10−5＝
16−8＝	13−4＝	13−8＝
10−6＝	10−9＝	12−4＝
11−3＝	15−8＝	14−6＝
12−8＝	11−9＝	12−7＝
10−2＝	14−7＝	11−8＝

ー ひき算③　名前　（　／　）

（くりさがりあり）

のこり	まちがい	あわせて	タイム
			分　秒

11－4＝

12－9＝

13－8＝

14－5＝

10－1＝

16－7＝

10－6＝

11－5＝

12－8＝

10－5＝

14－8＝

11－3＝

15－9＝

13－4＝

17－8＝

16－9＝

10－3＝

11－7＝

18－9＝

12－6＝

13－7＝

10－9＝

15－8＝

11－9＝

14－7＝

13－9＝

11－8＝

15－7＝

12－5＝

10－4＝

10－8＝

15－6＝

13－5＝

11－2＝

10－7＝

13－6＝

12－4＝

14－9＝

12－7＝

11－6＝

16－8＝

10－2＝

17－9＝

14－6＝

12－3＝

ひき算④　名前　(　／　)

(くりさがりあり)

のこり	まちがい	あわせて	タイム
			分　秒

14－8＝	10－4＝	16－8＝
11－3＝	11－8＝	10－2＝
15－9＝	15－7＝	17－9＝
13－4＝	12－5＝	14－9＝
17－8＝	13－9＝	12－3＝
11－7＝	12－6＝	10－8＝
12－4＝	10－3＝	15－6＝
13－8＝	11－4＝	13－5＝
16－9＝	18－9＝	11－2＝
10－5＝	14－6＝	10－7＝
16－7＝	13－7＝	13－6＝
10－6＝	10－9＝	12－9＝
11－5＝	15－8＝	14－5＝
12－8＝	11－9＝	12－7＝
10－1＝	14－7＝	11－6＝

ドリルの関連記事情報・その1

月刊『たのしい授業』に掲載されたドリル関連の記事のうち，単行本に収録されているもの（本誌掲載分を除く）をご紹介します。なお，書名は以下のように略記します。　（例）記事名（筆者名）書名－掲載ページ

板倉聖宣『たのしい授業の思想』→思想／板倉聖宣『原子とつきあう本』→原子／村上道子『ことばの授業』→ことば／『ものづくりハンドブック1，3，6』→もの1，3，6／『教室の定番ゲーム1～2』→ゲーム1～2／『たのしい授業プラン算数・数学』→算数／『たのしい授業プラン国語1～3』→国語1～3／『たのしい授業プラン社会』→社会／『たのしい授業プラン歴史』→歴史／『たのしい授業プラン音楽』→音楽（いずれも，仮説社刊）

〔ひらがな〕ひらがなドリルの楽しみ方（関口悦司）国語1－336／低学年には〈ひらがなクロスワード〉を！（尾形邦子）ゲーム1－124

〔漢字〕漢字を読むドリル（伊藤芳幸）国語1－374／透明な漢字を書いてみませんか（二階堂泰全）国語1－378／漢字の小テスト（西川浩司）国語1－380／こんな漢字テストはいかが（小野洋一）国語1-383／漢字のしりとり（斎藤裕子）国語1－390／漢字の迷路（河上温知）国語1－391／3年生にもできました 漢字のクロスワード（尾形邦子）国語1－392／漢字の宝島（二階堂泰全）国語1－395／漢字が好きになる漢字部首カルタ（斉藤敦子）国語2－136／漢字の原子に名前をつけよう（尾形邦子）国語2－154／5問テストと「漢字道場」（岡田美恵子）国語2－161／漢字は毎日ドリルと毎日テストで！（尾形邦子）国語2－165／〈9割主義〉の普及を！（尾形邦子）国語2－173／「うぉー！字をさがせ」で四字熟語の勉強（中村富士夫）国語2－182／うぉー！ 字をさがせ（星野好史）国語2－180／漢字テストで泣かれちゃった（佐竹重泰）国語3－214／積み木テスト方式漢字練習（角友仁）国語3－218／漢字の巨大迷路で自習にしたら（田畑和徳）国語3-220／ドリル，私の考え方と教え方（豊田泰弘）音楽－127／低学年は「漢字マッキーノ」（高橋俊文）ゲーム2－91／

〔計算〕水道方式と公文式（高村紀久男）算数－318／計算ドリルを楽しむ（小林光子）算数－336／定時制高校で算数ドリル（伊藤守）算数－338／習熟はたのしく合理的に（松崎重広）算数345／引き算先習計算習熟ドリル（井上正規）算数－350／低学年の算数ドリル（荒井公毅）算数－351／九九ずもう（荒深雅子）ゲーム1－123

〔国語辞典〕国語辞典入門のドリル（村上道子）ことば-63

〔「ドリルの関連記事情報・その2」は184ぺ。「その3」は231ぺ〕

マッキーノを やってみよう 教科書料理ビンゴ

マッキーノとは？

牧野英一　愛知・名古屋市楠中学校

●ビンゴゲームから

マッキーノとは，たのしいドリルの授業です。ビンゴからヒントを得て，1989年に私，牧野が開発したものです。

現在，市販されているビンゴカードは，縦×横に５×５＝25個のマス目に，１～75までの数字から24個の数字がランダムに配置されています（真ん中はFree）。

司会者がその場で決めた数字を読み上げ，その数字がカードにあれば，書かれているマス目を折り曲げていき，最終的に縦横斜めいずれかの列を１列，早く折り曲げた人の勝ちです。

〈マッキーノ〉は，やり方はビンゴゲームの要領と同じですが，マス目に入るのは数字ではなく，他のドリルに出てくるような化学記号や漢字，数式などの暗記項目です。それをマス目に書き写す作業があるのでそれを自然と覚えてしまうのです。（ちなみに，英語ではmackinoと書くことにしています。mac：息子，kino：ビンゴの別名です）

●マッキーノの進め方

用意するもの

・マッキーノ用紙……縦４列×横４列＝16のマス目が書いてある用紙（縦３列×横３列＝９のマス目のものなどもある）。105，159ぺ参照。

・マッキーノリスト……化学記号や漢字，数式など，暗記項目22個の一覧表。１項目ごとに，簡単な説明文が書いてある。

・フラッシュカード（リストにあげられた項目の数だけ）……暗記項目を一つずつ大きく書いた

厚紙（全員がラクに見えるような大きさ），裏面には説明文を書いておく。

やり方

1．まず，マッキーノ用紙とマッキーノリストを全員に配る。

2．生徒は思い思いにリストの22個の項目の中から，各自自由に16項目選んで，マス目の空欄に書く。

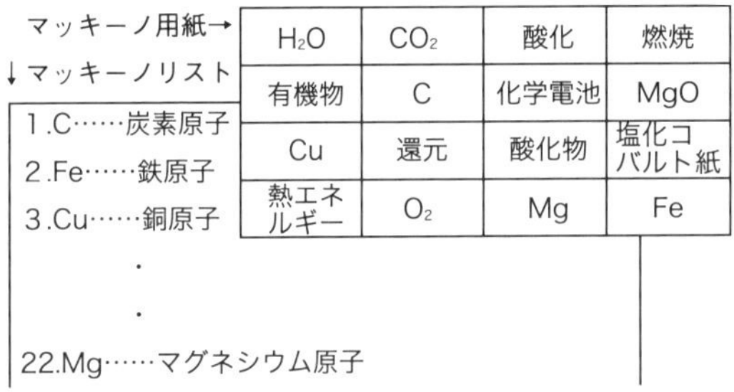

3．教師がフラッシュカードまぜて，無作為に選んで，生徒の前で読み上げる。そのとき，初めは裏にして説明書きを見せ，その後カードを裏返して暗記項目を見せる。生徒は，その項目が用紙に書いてあれば横線などで消す。

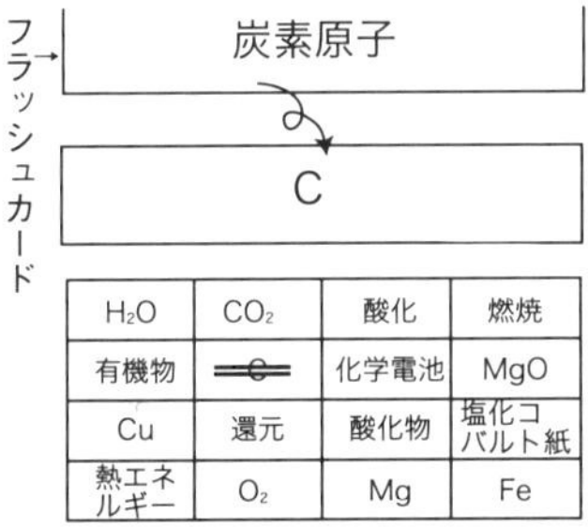

4．それを16回繰り返して，基本的にはビンゴのように列ができれば上がり。上がったときは，「マッキーノ！」と大きな声で宣言して，手をあげる。

●賞について

16項目読み終わる前に，一列そろう人がでるかもしれません。ビンゴゲームはその時点でゲームセットですが，マッキーノは教師が16項目読み上げるまで終わりではありません。そのため，終了するまでに何列もあがる生徒が出てくるのです。それに併せて賞をたくさんつくっています。

一番早く1列ができた生徒には「早上がり賞」。16項目読み上げて一番多くの列ができる「最多列《さいたれつ》賞」。一列もできなかった場合は「０（ゼロ）列賞」。最多列賞は必ず毎回出ますが，０列賞は出ない時もあります。

この０列賞があるという点が，〈マッキーノ〉の大きな特徴の１つです。これによって，〈上がらないことをねらう生徒〉なども出てきて，上がらない生徒も上がる生徒もみんな最後までたのしめるのです。

さらに，同じクラスで多数回にわたって行う場合には，

・最多早上がり賞（早上がり賞を一番数多く獲得）
・最多最多列賞（最多列賞を一番多く獲得）
・最多０列賞（０列賞を一番多く獲得）
・皆無賞（多数回にわたって，賞を無獲得）

などや，

・究極早上がり賞（教師が最初の４項目読み上げた時点で１列）
・究極最多列賞（教師の選んだ16項目とすべて同じ，つまり１回で10列上がれた時）

などの６つの賞を設けることがあります。

●表彰について

表彰についての原則は次のようです。

１．口頭発表
２．黒板に名前を書く
３．心のこもった拍手

どうしても賞品を用意したいときは，「賞品のための競争」にならないように工夫してください。

ちなみに僕は，「シャープペンシルの芯１本」や「コロコロリング」（パズルの１つ）を用意しています。せこい賞品なので「辞退」も選択肢の１つに入れています。

●〈マッキーノ〉の効用

〈マッキーノ〉を初めて授業で体験する時は，遊んでいるように思えて，とても不安になる生徒がいます。

しかし，同じリストで６～10回マッキーノを実施した後，テストをしてみると，マッキーノにでてきた暗記項目を自分が覚えていることを発見して，笑顔の生徒が増えてきます。そうすると，次からは安心して〈マッキーノ〉に参加できるようになるのです。〈マッキーノ〉研究そのものも，生徒の笑顔に支えられてきたのです。

マッキーノ用紙（16マス）

（　　）月（　　）日（　　）曜日　氏名（　　　　　　　　　　）

（　　）枚（　　）列（　早　最多列　0列　）

教科書用語ビンゴ（マッキーノ）中学理科，私のやり方

●中１～３理科の用語と解説付

（初出No.259，02・11）

由良文隆　神奈川・川崎市南加瀬中学校

やらないと苦情が出るほどの大歓迎

牧野英一さんから「教科書用語ビンゴ」について聞いたのは，いつだったろうか。だいぶ前のことである。彼が「マッキーノ」と名付ける前のことだ（牧野英一「〈教科書用ビンゴ〉のすすめ」『教室の定番ゲーム２』仮説社，参照）。

まねをしてやってみて，ビックリ。生徒が大歓迎してくれた。それ以来，私の理科の授業では，なくてはならないものになった。テストの点数があがる（言葉を覚えるので解答用紙の空欄がへる）。教科書の内容を効率よく理解してもらえる。授業の始まりがすぐ静かになる。そんな良いことがたくさん起こり，何よりも生徒たちがとてもやりたがる。やらないと苦情が出る。しかたがないので仮説実験授業のときもやっている。それがちょっとくやしい。

仮説実験授業の感想文を書いてもらうと，「ビンゴがたのしかった」と書いてくる生徒がいる。仮説実験授業以上に楽しみにし

ている生徒がいるのもくやしい。でも，とてもいいことを教えてくれた牧野さんには感謝している。

最初は牧野さんに教えてもらったとおりにやってみた。でも，今では私なりに変えたところがあるので，以下に私のやり方を書いてみる。

●用意するもの

◎生徒に配るもの

「22個の教科書用語と説明を書いた紙」

（中学1年理科のものを後掲。牧野さんは「リスト」と呼んでいる）

・復習ではなくて，まだ習っていない用語を予習として行う。

・同じ用語で1ヶ月ぐらい行うことになるので，やっているうちに授業が進む。

・用語は問題集（私の場合はバラの市販テスト）の答から選ぶことが多い。

・私の作る試験問題はほとんど市販テストとそっくりの問題なので，覚えると試験の時に役立つという御利益がある（定期試験の時の範囲表には「教科書用語ビンゴの言葉」と毎回書いている）。

・用語の前には番号はつけない（番号をつけると，番号だけ書いてビンゴをやる生徒がでてくるから）。

・なくした生徒にあげるように，余分にたくさん刷っておく。

・漢字にはすべてふりがなをつけておく（漢字が苦手な生徒はひらがなで書いてもいいように）。

・定期試験が終わると用語を変えるので，年に5回ぐらい変えることになる。

「４列×４行のビンゴ用紙」（Ｂ６判）

・印刷ミスの紙（裏が白紙のもの）を再利用。一度に何百枚も印刷しておく。

・「　月　日」「　　列あがり」というのも印刷しておく。

◎私が使う小道具

「模造紙半分の大きさの紙に22個の用語を書いた紙」

「模造紙を黒板に貼り付けるための磁石」

「用語カード」22枚（2cm ×10〜15cm 位の板目紙にリストを切って貼り付けたもの）

「ピンポン・ブー」（表面に○，裏面に×が書いてあって，スイッチを押すと「ピンポン」，または「ブーッ」と鳴る道具。仮説社でも扱っている。税別980円）

「タイマー」（私は腕時計のタイマー機能を使っている）

●やり方（だいたい15分間ぐらいかかる）

①教室にいったら，黒板に用語を書いた紙を磁石で押さえて貼る（リストをなくしたり，忘れた生徒も参加できるように）。

②授業開始のチャイムが鳴ったらビンゴ用紙を配る。号令はかけてもらわない（号令がないと動けない人になって欲しくないから）。

配り終わったらタイマー（５分間）を作動させる。

この５分の間に，生徒は教科書用語と説明を書いた紙を見ながら，22の用語から16語を選んでビンゴ用紙のマス目の中に書く。漢字が苦手な人はひらがなでもいいが，省略しないようにする（試験の時，省略した言葉しか思い出せなくなると困るため）。

「本鈴着席」「チャイム着席」などといわなくても，１分以内には静かになる。

この５分間は前回預かったプリント（バラの市販テストが途中の場合は預かっている）を返したり，ビデオや実験の用意をしたりする時間として役立つ。

③タイマーがなったらビンゴ開始。用語カードをよく切って，私が一枚ずつ引いて，「説明」を読み上げる。「１枚目，生物がデンプンなどの……」という感じで。

読み終わるまで待って，答がわかった人は答える。読んでいる途中で答をいう「フライング」はやめてもらう（みんなに考える時間を保証するため）。

間違っている答が聞こえたら，ピンポンブーを「ブー」と鳴らす。あっていたら「ピンポン」と鳴らす。そして，確認のため，答「○○」を宣言する。

生徒は，出た言葉が自分のビンゴ用紙に書いてあったら，そのマス目に印を付けていく（×でも○でも何でもいい）。

④たて，横，ななめのどれでも１列に印のついた言葉が３つ並んだら「リーチ」といってもらうが，言い忘れても失格とはしない。１列４つ並んだら「ビンゴ」といってもらう。

最初にあがった人は「早あがり賞」。その場でその人の名前を私が言って，みんなで拍手。間違いがないかなんてチェックはしない。

早あがり賞が出ても，全部で16語を読むまで続ける。
⑤16語を読み終わったら，読んでいない６語を読み上げて確認。生徒には，出たものとは別の印を付けてもらう。出ているのに聞き漏らした語がないか確認のうえ（聞き漏らしたことがわかったら追加で印を付けていい），何列あがったか書いてもらう。
⑥「０賞」と「最多列賞」を決める。

まず，１列もあがらなかった人に手を挙げてもらって「０賞」ということで私が名前を言って，みんなで拍手。

次に１列から順番に手を挙げてもらって，一番列の多かった人が「最多列賞」。みんなで拍手。

賞品をあげたり,黒板に名前を書いたりすることはしていない。拍手だけ。

私なりに気をつけたり，生徒にお願いしていること

・インチキしていると思われる生徒がいても疑わない。

一番大切なのは，用語を覚えること。ビンゴゲームとその賞はおまけ。ビンゴをやれば教科書の重要用語を覚えられるので，テストでの点数アップが何よりの賞品。

やればみんなが「点数アップ」という賞がもらえる。だから，ビンゴゲームで「賞になった」と自己申告した人には，疑ったりしないで拍手してあげることにしている。「疑っていやな雰囲気になることは避けよう」とみんなにお願いしている。拍手をしてあげていれば，インチキをしている人もばかばかしくなってやめる場合が多い。

まわりの気を引くために，明らかにインチキをしていると顔に書いてあるような場合は，「本当？」と明るく聞いてあげる。すると，「ウッソー」という生徒がほとんど。

・人の喜びは喜んであげる。

あがった人がいると，「くっそー」「なんでおまえがあがるんだよー」と悔しがる人がいるが，「人の幸せは喜んであげよう」と呼びかけている。拍手をする人が少ないときは，私が大きな拍手をしてあげる。

・私が読み上げているときは，静かに聞く。

授業中，人の話はしっかり聞く。じゃまをしないことが大切だと私は思っている。話を聞いていなくてわからなくなって損をしてしまう人が多い。ビンゴの時間にしっかり聞く練習をしようと呼びかけている。「人が話しているとき聞かないのは，君たちが嫌いな〈シカト〉していることになるよ」と説明している。

終わりに

学習指導要領が変わる（＝教科書が変わる）とリストや小道具を作り変えなくてはならない。ここのところ，経過措置などで毎年教える内容が変わって，とても面倒くさかったが，新しい指導要領が今年から完全実施されて，これで当分は同じものが使えるだろうと期待している。

参考までに私が作ったリストを以下に載せる（中学１年生理科用のみ）。新指導要領では削除や変更になったものも入っているので，変更が必要な部分もある。使っている教科書は啓林館のものである。

22語で「その７」までやると154語，けっこうたくさんの用語が覚えられる。理科は専門用語を覚えればぐんと理解しやすくなる。中学校で出てくる〈覚えたほうがいい用語〉も，他の教科にくらべると理科は少ない方だと思う。理科は「教科書用語ビンゴ（マッキーノ）」にむいている教科かもしれない。

毎時間15分もかけると，授業の残り時間が少なくなってしまうのではないか，という人もいると思う。しかしその分は，「ビンゴ」のおかげで教科書を使って行う授業がどんどん進むので，私としてはもとが取れていると思う。

私の勤務校では１時間の授業は50分なので，15分使っても35分残る。35分ぐらいだと「もう終わりなの」という感じで授業を終えることができる。集中を続けるのにはちょうどいい時間なのかもしれない。

ただ，仮説実験授業で時間が足りなくなる心配のあるときや，区切りのいいところまでどんどん進みたいときには，ビンゴはお休みにしている。しかしその場合，たくさんの生徒から苦情が出るのがちょっと困りものである。

〔編集部注〕「教科書用語ビンゴ（マッキーノ）」のやり方などについては，本書102ページの牧野英一「マッキーノとは？」，144ページと171ページの高橋俊文「心を入れ替えて漢字マッキーノ」「マッキーノの原則と限界」，にも詳しく載っています。ご参照ください。

マッキーノ・リスト（中学1年理科）

●その1

ルーペ……目《め》に近《ちか》づけて使《つか》う，細《こま》かい部分《ぶぶん》を見《み》る器具《きぐ》。

接眼《せつがん》レンズ……顕微鏡《けんびきょう》の上《うえ》のレンズ，眼《め》に接《せっ》する。

対物《たいぶつ》レンズ……顕微鏡《けんびきょう》の下《した》のレンズ，物《もの》に対《たい》する。

反射鏡《はんしゃきょう》……顕微鏡《けんびきょう》内に光《ひかり》を入《い》れるための鏡《かがみ》。

スライドガラス……顕微鏡《けんびきょう》で見《み》る物《もの》をのせるガラス。

カバーガラス……顕微鏡《けんびきょう》で見《み》る物《もの》にかぶせるガラス。

プレパラート……顕微鏡《けんびきょう》で見《み》る物《もの》をガラスにはさんだもの。

やく……おしべの先《さき》の花粉《かふん》の入《はい》っている部分《ぶぶん》。

柱頭《ちゅうとう》……めしべの先端《せんたん》の部分《ぶぶん》。

受粉《じゅふん》……花粉《かふん》が柱頭《ちゅうとう》につくこと。

子房《しぼう》……めしべの根《ね》もとのふくらんだ部分《ぶぶん》，後《のち》に果実《かじつ》になる。

胚珠《はいしゅ》……子房《しぼう》の中《なか》にある後《のち》に種子《しゅし》になるもの。

被子植物《ひししょくぶつ》……胚珠《はいしゅ》が子房《しぼう》の中《なか》に包《つつ》まれている植物《しょくぶつ》。

裸子植物《らししょくぶつ》……子房《しぼう》がなく胚珠《はいしゅ》がむき出《だ》しになっている植物《しょくぶつ》。

種子植物《しゅししょくぶつ》……花《はな》が咲《さ》き種子《しゅし》をつくって仲間《なかま》をふやす植物《しょくぶつ》。

根毛《こんもう》……根《ね》の表面《ひょうめん》にある毛《け》のようなもの。

養分《ようぶん》……水《みず》に溶《と》けて根《ね》から取《と》り入《い》れられるもの。

道管《どうかん》……根《ね》から吸収《きゅうしゅう》した水《みず》や養分《ようぶん》の通《とお》り道《みち》。

師管《しかん》……葉《は》で作《つく》られた栄養《えいよう》分の通《とお》り道《みち》。

維管束《いかんそく》……道管《どうかん》と師管《しかん》が集《あつ》まって束《たば》のようになった部分《ぶぶん》。

葉脈《ようみゃく》……葉《は》のなかの維管束《いかんそく》。

細胞《さいぼう》…生物《せいぶつ》の体《からだ》を作《つく》る小《ちい》さな部屋。

●その2

葉緑体《ようりょくたい》……植物《しょくぶつ》の細胞《さいぼう》に見《み》られる緑色《みどりいろ》の粒《つぶ》。

気孔《きこう》……植物《しょくぶつ》の二酸化炭素《にさんかたんそ》・酸素《さんそ》・水《みず》が出入《でい》りする穴《あな》。

葉《は》の裏《うら》……気孔《きこう》が多《おお》くある場所《ばしょ》。

ふ……葉《は》で葉緑体《ようりょくたい》がなく光合成《こうごうせい》ができない白《しろ》い部分《ぶぶん》。

エタノール……葉《は》の緑《みどり》色をぬくために使《つか》う薬品《やくひん》。

蒸散《じょうさん》……植物《しょくぶつ》で水《みず》が，気孔《きこう》から水蒸気《すいじょうき》となって出《で》ていくこと。

光合成《こうごうせい》……植物《しょくぶつ》が光《ひかり》のエネルギーで二酸化炭素《にさんかたんそ》と水《みず》からデンプンと酸素《さんそ》を合成《ごうせい》する働《はたら》き。

青紫色《あおむらさきいろ》……デンプンがあるとヨウ素液《そえき》は何色《なにいろ》。

糖《とう》……葉《は》で作《つく》られたデンプンを水《みず》に溶《と》けやすく変《か》えたもの。

呼吸《こきゅう》…生物《せいぶつ》がデンプンなどの栄養《えいよう》分《ぶん》と酸素《さんそ》を二酸化炭素《にさんかたんそ》と水《みず》に変《か》えてエネルギーを得《え》る働《はたら》き。

合弁花《ごうべんか》……花《はな》びらがくっついている花《はな》。

離弁花《りべんか》…花びらが離れている花。

主根《しゅこん》…双子葉類《そうしようるい》にみられる太《ふと》い根《ね》。

側根《そっこん》……双子葉類《そうしようるい》の主根《しゅこん》から枝分《えだわ》かれした細《ほそ》い根《ね》。

ひげ根《ね》……単子葉類《たんしようるい》に見《み》られる多数《たすう》の細《ほそ》い根《ね》。

子葉《しよう》…はじめての葉《は》になるもの。

双子葉類《そうしようるい》……被子植物《ひししょくぶつ》の仲間《なかま》のうち，子葉《しよう》が２枚《まい》ある植物《しょくぶつ》。

単子葉類《たんしようるい》……被子植物《ひししょくぶつ》の仲間《なかま》のうち，子葉《しよう》が１枚《まい》の植物《しょくぶつ》。

網状脈《もうじょうみゃく》……双子葉類《そうしようるい》の葉脈《ようみゃく》。

平行脈《へいこうみゃく》……単子葉類《たんしようるい》の葉脈《ようみゃく》。

輪《わ》の形《かたち》……双子葉類《そうしようるい》の維管束《いかんそく》。

ばらばら……単子葉類《たんしようるい》の維管束《いかんそく》。

●その３

入射角《にゅうしゃかく》……光《ひかり》が鏡《かがみ》に入射《にゅうしゃ》するときの角度《かくど》。

反射角《はんしゃかく》……光《ひかり》が鏡《かがみ》に反射《はんしゃ》するときの角度《かくど》。

屈折《くっせつ》…光《ひかり》がちがう物質《ぶっしつ》に入《はい》り，その境界《きょうかい》で進《すす》む向《む》きを変《か》えること。

焦点《しょうてん》……凸《とつ》レンズに平行光線《へいこうこうせん》を当《あ》てたとき光《ひかり》が集《あつ》まる点《てん》。

全反射《ぜんはんしゃ》……屈折《くっせつ》して空気中《くうきちゅう》に出《で》ていく光《ひかり》がなくすべて反射《はんしゃ》してしまうこと。

実像《じつぞう》……実際《じっさい》に光《ひかり》が集《あつ》まってできる像《ぞう》。

虚像《きょぞう》……光《ひかり》が集《あつ》まっていないのにそこに物体《ぶったい》があるように見《み》える像《ぞう》。

振動《しんどう》の回数《かいすう》……音《おと》の高《たか》さを決《き》めるもの。

振動《しんどう》の幅《はば》……音《おと》の大《おお》きさを決《き》めるもの。

矢印《やじるし》……力《ちから》の表《あらわ》し方《かた》。

作用点《さようてん》……力《ちから》の働《はたら》いている点。

N《ニュートン》　……力《ちから》の単位《たんい》。

重力《じゅうりょく》……バネばかりではかれる，地球《ちきゅう》や月《つき》が物体《ぶったい》を引《ひ》く力《ちから》。

約《やく》１　N《ニュートン》……100 g の物体《ぶったい》にはたらく重力《じゅうりょく》の大《おお》きさ。

摩擦力《まさつりょく》……こすれあうときにはたらく力《ちから》。

垂直抗力《すいちょくこうりょく》……重力《じゅうりょく》とつりあって机《つくえ》や床《ゆか》の面《めん》から垂直上向《すいちょくうえむ》きに

はたらく力《ちから》。

圧力《あつりょく》……1m^{2}あたりの面《めん》を垂直《すいちょく》に押《お》す力《ちから》。

力／面積《ちからわるめんせき》……圧力《あつりょく》の求《もと》め方《かた》。

N／m^2《ニュートンまいへいほうメートル》……圧力《あつりょく》の単位《たんい》。

大気圧《たいきあつ》……大気《たいき》による圧力《あつりょく》。

1気圧《きあつ》……海面《かいめん》での気圧《きあつ》の大《おお》きさ。＝1013hPa《ヘクトパスカル》

hPa《ヘクトパスカル》……気圧《きあつ》の単位《たんい》。

●その4

有機物《ゆうきぶつ》……炭素原子《たんそげんし》と水素原子《すいそげんし》を含《ふく》む物質《ぶっしつ》（燃《も》えると二酸化炭素《にさんかたんそ》が発生《はっせい》）。

無機物《むきぶつ》……有機物以外《ゆうきぶついがい》のもの。

金属《きんぞく》……電気《でんき》を良《よ》く通《とお》し，特有《とくゆう》のこうたく（金《きん》ぴか，銀《ぎん》ぴか）のある物質《ぶっしつ》。

非金属《ひきんぞく》……金属以外《きんぞくいがい》の物質《ぶっしつ》。

ガス調節《ちょうせつ》ネジ……ガスバーナーの下《した》のネジ，片手《かたて》で調節《ちょうせつ》。

空気調節《くうきちょうせつ》ネジ……ガスバーナーの上のネジ，両手で調節。

状態変化《じょうたいへんか》…分子《ぶんし》の並《なら》び方《かた》が変《か》わって物質《ぶっしつ》の状態《じょうたい》が変化《へんか》すること。

蒸留《じょうりゅう》……液体《えきたい》を熱《ねっ》して気体《きたい》にし，冷《ひ》やして再《ふたた》び液体《えきたい》として取《と》り出《だ》す方法《ほうほう》。

沸《ふっ》とう石《せき》……急《きゅう》に沸《ふっ》とうするのを防《ふせ》ぐために入《い》れる石《いし》。

密度《みつど》……1cm^3《りっぽうせんちめーとる》あたりの質量《しつりょう》。

メスシリンダー……液体《えきたい》の体積《たいせき》をはかる器具《きぐ》。

平《たい》らな部分《ぶぶん》……メスシリンダーで目盛《めも》りを読《よ》みとるところ。

1／10……メスシリンダーでは一目盛《ひとめも》りの何分《なんぶん》の一《いち》まで読《よ》みとるか。

0.1g《グラム》……100mg《ミリグラム》は何g《なんグラム》。

融点《ゆうてん》……固体《こたい》がとけて液体《えきたい》に変化《へんか》するときの温度《おんど》。

沸点《ふってん》……液体《えきたい》が沸《ふっ》とうして気体《きたい》に変化《へんか》するときの温度《おんど》。

0℃……水《みず》の融点《ゆうてん》（温度《おんど》の基準《きじゅん》）。

100℃…水《みず》の沸点《ふってん》（温度の基準）。

一定《いってい》……純粋《じゅんすい》な物質《ぶっしつ》の融点《ゆうてん》・沸点《ふってん》。

一定《いってい》しない……混合物《こんごうぶつ》の融点《ゆうてん》・沸点《ふってん》。

質量《しつりょう》……上皿《うわざら》てんびんではかれる，どこへ行《い》っても変《か》わらない物質《ぶっしつ》の量《りょう》。

g《グラム》……質量《しつりょう》の単位《たんい》。

●その5

水上置換法《すいじょうちかんほう》……水《みず》にとけにくい気体《きたい》の集《あつ》め方《かた》。

下方置換法《かほうちかんほう》……水《みず》にとけやすく空気《くうき》より重《おも》い気体《きたい》の集《あつ》め方《かた》。

上方置換法《じょうほうちかんほう》……水《みず》にとけやすく

空気《くうき》より軽《かる》い気体《きたい》の集《あつ》め方《かた》。

水素《すいそ》……亜鉛《あえん》（マグネシウム）＋塩酸《えんさん》。軽《かる》い。燃《も》えて水《みず》になる。

二酸化炭素《にさんかたんそ》…石灰石《せっかいせき》＋塩酸《えんさん》。石灰《せっかい》水《すい》を白《しろ》くにごらせる。重い。

酸素《さんそ》……過酸化水素水《かさんかすいそすい》（オキシドール）＋二酸化マンガン。他のものを燃やす。

アンモニア……軽《かる》い。水《みず》にひじょうによくとける。刺激臭《しげきしゅう》。

溶媒《ようばい》……砂糖水《さとうみず》の水《みず》のように物質《ぶっしつ》を溶《と》かすのに使《つか》う液体《えきたい》。

溶質《ようしつ》……砂糖水《さとうみず》の砂糖《さとう》のように溶媒《ようばい》に溶けている物質。

溶液《ようえき》……溶質《ようしつ》が溶媒《ようばい》に溶《と》けてできた透明《とうめい》な液体《えきたい》。

水溶液《すいようえき》……溶媒《ようばい》が水《みず》の溶液《ようえき》。

飽和水溶液《ほうわすいようえき》……物質《ぶっしつ》を溶《と》けるだけとかした水溶液《すいようえき》。

酸性《さんせい》……二酸化炭素《にさんかたんそ》が水《みず》に溶《と》けると何性《なにせい》。

アルカリ性《せい》……アンモニアが水《みず》に溶《と》けると何性《なにせい》。

塩化水素《えんかすいそ》……塩酸《えんさん》は何《なん》の水溶液《すいようえき》。

中和《ちゅうわ》……酸《さん》とアルカリがたがいの性質《せいしつ》をうち消《け》し合《あ》う反応《はんのう》。

塩《えん》……中和《ちゅうわ》でできる水以外《みずいがい》のもの。

黄色《きいろ》……ＢＴＢ液《えき》，酸性《さんせい》で何色《なにいろ》。

緑色《みどりいろ》……ＢＴＢ液《えき》，中性《ちゅうせい》で何色《なにいろ》。

青色《あおいろ》……ＢＴＢ液《えき》，アルカリ性《せい》で何色《なにいろ》。

結晶《けっしょう》…規則正《きそくただ》しい形《かたち》をした固体《こたい》。

再結晶《さいけっしょう》…固体《こたい》の物質《ぶっしつ》を溶《と》かして再《ふたた》び結晶《けっしょう》として取《と》り出《だ》す方法《ほうほう》。

●その6

風化《ふうか》……空気《くうき》や水《みず》の働《はたら》きで地表《ちひょう》の岩石《がんせき》が変化《へんか》していくこと。

侵食《しんしょく》……水《みず》が岩石《がんせき》をとかしたり削《けず》り取《と》ったりすること。

たい積岩《せきがん》……水底《すいてい》にたい積《せき》したものが固《かた》まってできた岩石《がんせき》。

砂岩《さがん》……砂《すな》が固《かた》まったたい積岩《せきがん》。

石灰岩《せっかいがん》……サンゴや貝殻《かいがら》からできた，たい積岩《せきがん》（主成分《しゅせいぶん》：炭酸《たんさん》カルシウム）。

チャート……二酸化《にさんか》ケイ素《そ》が固《かた》まったたい積岩《せきがん》（塩酸《えんさん》に溶《と》けない）。

凝灰岩《ぎょうかいがん》……火山灰《かざんばい》が固《かた》まったたい積岩《せきがん》。

示相化石《しそうかせき》……過去《かこ》の気候《きこう》や環境《かんきょう》の証拠《しょうこ》。

示準化石《しじゅんかせき》……地層《ちそう》の出来《でき》た時代《じだい》の証拠《しょうこ》。

サンゴの化石《かせき》……浅《あさ》くて暖《あたた》かい海《うみ》を示《しめ》す化石《かせき》。

地質時代《ちしつじだい》……地層《ちそう》が出来《でき》た時代《じだい》。

露頭《ろとう》……地層《ちそう》が地表《ちひょう》に現《あらわ》れている

場所《ばしょ》。

柱状図《ちゅうじょうず》……地層《ちそう》の重《かさ》なり方《かた》を柱《はしら》のように表《あらわ》した図《ず》。

火成岩《かせいがん》……マグマが冷《ひ》えて固《かた》まった岩石《がんせき》。

石英《せきえい》……不規則《ふきそく》に割《わ》れる白《しろ》い鉱物《こうぶつ》。

長石《ちょうせき》……どの岩石《がんせき》にも含《ふく》まれている白《しろ》くて柱状《ちゅうじょう》の鉱物《こうぶつ》。

石基《せっき》…火山岩《かざんがん》の細《こま》かい粒《つぶ》の部分《ぶぶん》。

斑晶《はんしょう》…火山岩《かざんがん》の大《おお》きな粒《つぶ》の部分《ぶぶん》。

斑状組織《はんじょうそしき》……火山岩《かざんがん》にみられる石基《せっき》と斑晶《はんしょう》からなるつくり。

等粒状組織《とうりゅうじょうそしき》……深成岩《しんせいがん》に見《み》られるあらい粒《つぶ》の集《あつ》まったつくり。

火山岩《かざんがん》……マグマが地表近《ちひょうちか》くで固《かた》まった火成岩《かせいがん》。

深成岩《しんせいがん》……マグマが地下深《ちかふか》くでゆっくり固《かた》まった火成岩《かせいがん》。

●その7

マグマ……地下《ちか》で高温《こうおん》のためどろどろにとけた物質《ぶっしつ》。

鉱物《こうぶつ》……マグマからできた結晶《けっしょう》。

双眼実体顕微鏡《そうがんじったいけんびきょう》……両目《りょうめ》で見《み》ることのできる顕微鏡《けんびきょう》。

花《か》こう岩《がん》……建物《たてもの》，墓石《はかいし》などに使《つか》われる白《しろ》い深成岩《しんせいがん》。

安山岩《あんざんがん》……富士山《ふじさん》に多《おお》い灰色《はいいろ》の火山岩《かざんがん》。

初期微動《しょきびどう》……地震《じしん》の初《はじ》めの小《ちい》さなゆれ。

P波《は》……初期微動《しょきびどう》を起《お》こす波《なみ》。

(primary wave)

主要動《しゅようどう》……初期微動《しょきびどう》の後《あと》の大《おお》きなゆれ。

S波《は》……主要動《しゅようどう》を起《お》こす波《なみ》。

(secondary wave)

初期微動継続時間《しょきびどうけいぞくじかん》……初期微動《しょきびどう》がきてから主要動《しゅようどう》がくるまでの時間《じかん》（震源までの距離に比例）。

震源《しんげん》……地震《じしん》が発生《はっせい》した地下《ちか》の場所《ばしょ》。

震央《しんおう》…震源《しんげん》の真上《まうえ》の地表《ちひょう》の場所《ばしょ》。

マグニチュード……ひとつの地震《じしん》にひとつ決《き》まる，地震《じしん》の規模《きぼ》。

震度《しんど》……場所《ばしょ》によってかわる地震《じしん》による被害《ひがい》の程度《ていど》。

津波《つなみ》……海底《かいてい》の土地《とち》の動《うご》きによって生《しょう》じる波《なみ》。

直下型地震《ちょっかがたじしん》……地下《ちか》の浅《あさ》いところで起《お》こる地震《じしん》。

隆起《りゅうき》……土地《とち》がもちあがること。

沈降《ちんこう》……土地《とち》が沈《しず》むこと。

断層《だんそう》……切断《せつだん》された地層《ちそう》。

しゅう曲《きょく》……曲《ま》げられた地層《ちそう》。

プレート……地球《ちきゅう》の表面《ひょうめん》を包《つつ》む大地《だいち》の変動《へんどう》の原因《げんいん》となるもの。

海溝《かいこう》…海底《かいてい》にある細長《ほそなが》く深《ふか》い溝《みぞ》。

マッキーノ・リスト（中学２年理科）

●その１

せきつい動物《どうぶつ》…背骨《せぼね》のある動物《どうぶつ》。

ほ乳類《にゅうるい》……ヒト，ネコ，シカなどの仲間《なかま》。

は虫類《ちゅうるい》………ヤモリ，ワニ，ヘビの仲間《なかま》。

両生類《りょうせいるい》……イモリ，カエル，サンショウウオの仲間《なかま》。

卵生《らんせい》……卵《たまご》を産《う》むふやし方《かた》。

胎生《たいせい》……子《こ》を産《う》むふやし方《かた》。

恒温動物《こうおんどうぶつ》……体温《たいおん》が一定《いってい》に保《たも》たれている動物《どうぶつ》。

変温動物《へんおんどうぶつ》……体温《たいおん》が気温《きおん》にともなって変《か》わる動物《どうぶつ》。

草食性《そうしょくせい》の動物《どうぶつ》…植物《しょくぶつ》を食《た》べる動物《どうぶつ》。

肉食性《にくしょくせい》の動物《どうぶつ》……ほかの動物《どうぶつ》を食《た》べる動物《どうぶつ》。

感覚器官《かんかくきかん》……目《め》，耳《みみ》など，まわりの様子《ようす》を知《し》るための器官《きかん》。

鼓膜《こまく》……音《おと》の振動《しんどう》をとらえる膜《まく》。

網膜《もうまく》……光《ひかり》の刺激《しげき》をうけとる膜《まく》。

運動器官《うんどうきかん》…骨格《こっかく》や筋肉《きんにく》など，運動《うんどう》を行う器官。

けん……筋肉《きんにく》と骨《ほね》をつなぐもの。

関節《かんせつ》…骨《ほね》と骨《ほね》のつながりの部分《ぶぶん》。

神経系《しんけいけい》……脳《のう》とせきずいと神経《しんけい》をまとめた呼《よ》び名《な》。

中枢神経《ちゅうすうしんけい》……脳《のう》とせきずい。

末《まっ》しょう神経《しんけい》…細《こま》かく枝分《えだわ》かれした神経《しんけい》（感覚神経《かんかくしんけい》と運動神経《うんどうしんけい》）。

感覚神経《かんかくしんけい》………感覚器官《かんかくきかん》でとらえた刺激《しげき》を脳《のう》やせきずいに伝《つた》える神経《しんけい》。

運動神経《うんどうしんけい》……脳《のう》やせきずいが出《だ》した命令《めいれい》を筋肉《きんにく》に伝《つた》える神経《しんけい》。

反射《はんしゃ》……生《う》まれつきそなわり無意識《むいしき》に起《お》こる反応《はんのう》。

●その２

赤《せき》かっ色《しょく》……ベネジクト液《えき》，糖《とう》があると加熱《かねつ》で何色《なにいろ》。

青紫色《あおむらさきいろ》……ヨウ素液《そえき》，デンプンがあると何色《なにいろ》。

消化液《しょうかえき》……食物《しょくもつ》を変化《へんか》させて体内《たいない》に吸収《きゅうしゅう》されやすくする液《えき》。

酵素《こうそ》……消化液《しょうかえき》の中《なか》にある栄養分《えいようぶん》を小《ち》さな分子《ぶんし》に分解《ぶんかい》するもの。

アミラーゼ……だ液《えき》にふくまれデンプンを糖《とう》に変《か》える酵素《こうそ》。

ブドウ糖《とう》……デンプンが消化《しょうか》されてできるもの。

アミノ酸《さん》……タンパク質《しつ》が消化《しょうか》されてできるもの。

脂肪酸《しぼうさん》＋グリセリン…脂肪《しぼう》が消化《しょうか》

されてできるもの。

たん汁《じゅう》…酵素《こうそ》はふくまないが脂肪《しぼう》の消化《しょうか》を助《たす》ける消化液《しょうかえき》。

柔 毛《じゅうもう》……小 腸《しょうちょう》の内側《うちがわ》にあって消《しょう》化《か》された物質《ぶっしつ》を吸収《きゅうしゅう》する部分《ぶぶん》。

リンパ管《かん》……脂肪《しぼう》が送《おく》られる管《かん》，血管《けっかん》につながっている。

毛細血管《もうさいけっかん》……全身《ぜんしん》をとりまく細《ほそ》い血管《けっかん》。

組織液《そしきえき》……血《けっ》しょうが毛細血管《もうさいけっかん》からしみ出《だ》した液《えき》。（栄養分《えいようぶん》，酸素《さんそ》，不要物《ふようぶつ》を運《はこ》ぶ）

弁《べん》……心臓《しんぞう》や静脈《じょうみゃく》にあり，血液《けつえき》の逆 流《ぎゃくりゅう》を防《ふせ》ぐもの。

動 脈《どうみゃく》……心臓《しんぞう》から押《お》し出《だ》された血液《けつえき》が流《なが》れている血管《けっかん》。

静　脈《じょうみゃく》……心臓《しんぞう》に戻《もど》る血液《けつえき》が流《なが》れている血管《けっかん》。

赤血球《せっけっきゅう》……酸素《さんそ》を運《はこ》ぶ血液《けつえき》の固《こ》体成分《たいせいぶん》。

ヘモグロビン……赤血球《せっけっきゅう》にふくまれる赤《あか》い色素《しきそ》。

白血球《はっけっきゅう》……異物《いぶつ》や細菌《さいきん》などを取《と》り除《のぞ》く血液《けつえき》の固体成分《こたいせいぶん》。

血《けっ》しょう……栄養分《えいようぶん》や不要物《ふようぶつ》を運《はこ》ぶ，血液《けつえき》の液体成分《えきたいせいぶん》。

肝臓《かんぞう》……栄養分《えいようぶん》をたくわえたり，有害《ゆうがい》な物質《ぶっしつ》を無害《むがい》にする働《はたら》きをする器官《きかん》。

じん臓《ぞう》……血液《けつえき》から不要《ふよう》な物質《ぶっしつ》をこしとる器官《きかん》。（尿《にょう》を作《つく》る）

●その３

しりぞけ合《あ》う……同《おな》じ種類《しゅるい》の電気《でんき》にはたらく力《ちから》。

引《ひ》き合《あ》う……ちがう種類《しゅるい》の電気《でんき》にはたらく力《ちから》。

＋《プラス》から－《マイナス》……電流《でんりゅう》の向《む》き。

回路《かいろ》……電流《でんりゅう》が切《き》れ目《め》なく流《なが》れるような道《みち》すじ。

A《アンペア》　……電流《でんりゅう》の単位《たんい》。

V《ボルト》　……電圧《でんあつ》の単位《たんい》。

Ω《オーム》　……（電気《でんき》）抵抗《ていこう》の単位《たんい》。

W《ワット》　……（消費《しょうひ》）電力《でんりょく》の単位《たんい》。

J《ジュール》　……熱量《ねつりょう》の単位《たんい》。

1 J《ジュール》 …１Ｗ《ワット》で１秒間《びょうかん》の発熱量《はつねつりょう》。

÷《わる》1000……ｍＡ《ミリアンヘア》をＡ《アンペア》にするには。

Ω《オーム》 × A《アンペア》……電圧《でんあつ》（Ｖ）の求《もと》め方《かた》。（オームの法則《ほうそく》）

V《ボルト》 × A《アンペア》……電 力《でんりょく》（Ｗ）の求《もと》め方《かた》。

電圧《でんあつ》……並列回路《へいれつかいろ》で同《おな》じになるもの。

電 流《でんりゅう》……並列回路《へいれつかいろ》で足《た》し算《ざん》になるもの。

導体《どうたい》……電流《でんりゅう》を良《よ》く通《とお》す物質《ぶっしつ》（金《きん》属《ぞく》など）。

不導体《ふどうたい》（絶縁体《ぜつえんたい》）……電流《でんりゅう》を通《とお》しにくい物質《ぶっしつ》（ゴム，ガラスなど）。

磁力線《じりょくせん》……磁界《じかい》のようすを表《あらわ》した

線《せん》。

磁界《じかい》……磁力《じりょく》の働《はたら》く空間《くうかん》。

N《エヌ》からS《エス》……磁力線《じりょくせん》(磁界《じかい》)の向《む》き。

電磁誘導《でんじゆうどう》…コイル内《ない》の磁界《じかい》を変化《へんか》させたとき電流《でんりゅう》が流《なが》れる現象《げんしょう》。

誘導電流《ゆうどうでんりゅう》……コイル内の磁界《じかい》を変化《へんか》させたとき流《なが》れる電流《でんりゅう》。

●その4

1013h P a《ヘクトパスカル》……1気圧《きあつ》は何《なん》ヘクトパスカル。

高気圧《こうきあつ》……中心《ちゅうしん》に行《い》くほど気圧《きあつ》が高《たか》くなる所《ところ》(天気《てんき》が良《よ》い)。

低気圧《ていきあつ》……中心《ちゅうしん》に行《い》くほど気圧《きあつ》が低《ひく》くなる所《ところ》(天気《てんき》が悪《わる》い)。

飽和水蒸気量《ほうわすいじょうきりょう》…その温度《おんど》で空気中《くうきちゅう》に含《ふく》むことのできる水蒸気《すいじょうき》の量《りょう》。

風向《ふうこう》……風《かぜ》の吹《ふ》いてくる方角《ほうがく》。

風 力《ふうりょく》……13階級《かいきゅう》で表《あらわ》す風《かぜ》の強《つよ》さ。

露点《ろてん》……空気《くうき》を冷《ひ》やしたとき水滴《すいてき》が出《で》始《はじ》める温度《おんど》。

湿度《しつど》… %《ハーセント》 で表《あらわ》す空気《くうき》の湿《しめ》り具合《ぐあい》(水蒸気量《すいじょうきりょう》÷飽和水蒸気量《ほうわすいじょうきりょう》×100)。

前線《ぜんせん》……暖気《だんき》と寒気《かんき》がぶつかり合《あ》っている所《ところ》(天気《てんき》が悪《わる》い)。

温暖前線《おんだんぜんせん》……暖気《だんき》が寒気《かんき》に向《む》かって進《すす》む前線《ぜんせん》。

寒冷前線《かんれいぜんせん》……寒気《かんき》が暖気《だんき》に向《む》かって進《すす》む前線《ぜんせん》。

停滞前線《ていたいぜんせん》…ほとんど動《うご》かない前線《ぜんせん》(梅雨《ばいう》前線《ぜんせん》はこの一種《いっしゅ》)。

強《つよ》く短《みじか》い……寒冷前線《かんれいぜんせん》の雨《あめ》の降《ふ》り方《かた》。

弱《よわ》く長《なが》い……温暖前線《おんだんぜんせん》の雨《あめ》の降《ふ》り方《かた》。

上《あ》がる……温暖前線《おんだんぜんせん》が通過《つうか》した後《あと》の気温《きおん》。

下《さ》がる……寒冷前線《かんれいぜんせん》が通過《つうか》した後《あと》の気温《きおん》。

揚子江気団《ようすこうきだん》……春《はる》・秋《あき》に日本《にほん》に来《く》る気団《きだん》。

シベリア気団《きだん》……冬《ふゆ》に日本《にほん》に来《く》る気団《きだん》。

オホーツク海気団《かいきだん》……梅雨《つゆ》に日本《にほん》に来《く》る気団《きだん》。

小笠原《おがさわら》気団《きだん》………夏《なつ》に日本《にほん》に来《く》る気団《きだん》。

西高東低《せいこうとうてい》……冬《ふゆ》の気圧配置《きあつはいち》(太平《たいへい》洋側《ようがわ》　晴天《せいてん》, 日本海側《にほんかいがわ》　雪《ゆき》)

西《にし》から東《ひがし》…日本付近《にほんふきん》での高気圧《こうきあつ》・低気圧《ていきあつ》・前線《ぜんせん》の移動方向《いどうほうこう》。

●その5

H……水素原子《すいそげんし》。キャー, エッチな水素君《すいそくん》。

O…酸素《さんそ》原子。オキシフルのオー。

N……窒素《ちっそ》原子。窒素《ちっそ》だけでは命《いのち》がNon(無《な》い)。

C…炭素《たんそ》原子。カーボン(Carbon)

のシー。

S……硫黄《いおう》原子。SOSと言《い》おう。

Fe……鉄《てつ》原子。フェライト磁石《じしゃく》は酸化鉄《さんかてつ》。

Cu……銅《どう》原子。キュッとみがこう10円銅貨《えんどうか》。

Mg…マグネシウム原子。マグネシウムはマジー。

Ag…銀《ぎん》原子。アジの背中《せなか》は銀光《ぎんぴか》り。

Zn…亜鉛《あえん》原子。亜鉛怪獣《あえんかいじゅう》ゼットン。

Cl……塩素《えんそ》原子。クロールで泳《およ》ぐプールは塩素殺菌《えんそさっきん》。

Na……ナトリウム原子。ナトリウムのナ。

H_2……水素分子《すいそぶんし》

O_2……酸素《さんそ》分子

H_2O……水《みず》

NH_3……アンモニア

CuO……酸化銅《さんかどう》

MgO……酸化《さんか》マグネシウム

Ag_2O……酸化銀《さんかぎん》

CO_2……二酸化炭素《にさんかたんそ》

FeS……硫化鉄《りゅうかてつ》

NaCl……塩化《えんか》ナトリウム(食塩《しょくえん》)

●その6

単体《たんたい》……それ以上分解《いじょうぶんかい》することができない物質《ぶっしつ》。

化学変化《かがくへんか》…もとの物質《ぶっしつ》とはちがう物質《ぶっしつ》ができる変化《へんか》(＝化学反応《かがくはんのう》)。

化合《かごう》……２種類以上《しゅるいいじょう》の物質《ぶっしつ》が結《むす》びつく化学変化《かがくへんか》。

分解《ぶんかい》…１種類《しゅるい》の物質《ぶっしつ》が２種類以上《しゅるいいじょう》の別《べつ》の物質《ぶっしつ》に分《わ》かれる変化《へんか》。

二酸化炭素《にさんかたんそ》……炭酸水素《たんさんすいそ》ナトリウム(重《じゅう》そう)の加熱分解《かねつぶんかい》で発生《はっせい》する気体《きたい》。

石灰水《せっかいすい》……二酸化炭素《にさんかたんそ》が溶《と》けると白《しろ》く濁《にご》る液体《えきたい》。

うすい赤色《あかいろ》……塩化《えんか》コバルト紙《し》は水《みず》があると何色《なにいろ》に変化《へんか》？

赤色《あかいろ》……フェノールフタレインはアルカリ性《せい》で何色《なにいろ》？

電気分解《でんきぶんかい》……電流《でんりゅう》を流《なが》すことによって物質《ぶっしつ》を分解《ぶんかい》すること。

水素《すいそ》…水《みず》の電気分解《でんきぶんかい》で－極《きょく》に発生《はっせい》する気体《きたい》。

酸素《さんそ》…水《みず》の電気分解《でんきぶんかい》で＋極《きょく》に発生《はっせい》する気体《きたい》。

２：１……水《みず》の電気分解《でんきぶんかい》で発生《はっせい》する水素《すいそ》と酸素《さんそ》の体積《たいせき》比。

化合物《かごうぶつ》……化合《かごう》してできた物質《ぶっしつ》。

混合物《こんごうぶつ》……混《ま》ぜ合《あ》わせただけのもの。

硫化鉄《りゅうかてつ》……鉄《てつ》と硫黄《いおう》が化合《かごう》してできる物質《ぶっしつ》。

硫化銅《りゅうかどう》……銅《どう》と硫黄《いおう》が化合《かごう》してできる物質《ぶっしつ》。

酸化銅《さんかどう》……銅《どう》を加熱《かねつ》するとできる黒色《こくしょく》の物質《ぶっしつ》。

酸化《さんか》マグネシウム……マグネシウムが燃《も》えてできる白色《はくしょく》の物質《ぶっしつ》。

化学反応式《かがくはんのうしき》……化学変化《かがくへんか》を化学式《かがくしき》で表《あらわ》したもの。

質量保存《しつりょうほぞん》の法則《ほうそく》……化学変化《かがくへんか》の前《ぜん》後《ご》で物質全体《ぶっしつぜんたい》の質量《しつりょう》は変《か》わらないという法則《ほうそく》。

4：1…質量比《しつりょうひ》。銅《どう》と酸素《さんそ》の化合《かごう》。

3：2……質量比《しつりょうひ》。マグネシウムと酸素《さんそ》の化合《かごう》。

マッキーノ・リスト（中学3年理科）

●その1

速《はや》さ……物体《ぶったい》が一定時間《いっていじかん》に移動《いどう》する距離《きょり》。

速《はや》さの変化《へんか》……記録《きろく》タイマーのテープを同《おな》じ打点数《だてんすう》で切《き》ってわかること。

m／秒《メートルまいびょう》……秒速《びょうそく》の単位《たんい》。

km／時《キロメートルまいじ》……時速《じそく》の単位《たんい》。

3600秒《びょう》……1時間《じかん》は何秒《なんびょう》。（60秒／分×60分）

距離／時間《きょりわるじかん》……速《はや》さの求《もと》め方《かた》。

速《はや》さ×時間《じかん》…移動距離《いどうきょり》の求《もと》め方《かた》。

まさつ力《りょく》……面《めん》と面《めん》がふれあうときに働《はたら》く力《ちから》。

等速直線運動《とうそくちょくせんうんどう》……一定《いってい》の速《はや》さで一直線上《いっちょくせんじょう》を動《うご》く運動《うんどう》。

等間隔《とうかんかく》……等速直線運動《とうそくちょくせんうんどう》での記録《きろく》タイマーの打点《だてん》。

慣性《かんせい》……等速直線運動《とうそくちょくせんうんどう》をしようとする性質《せいしつ》。

慣性《かんせい》の法則《ほうそく》…物体《ぶったい》は力《ちから》が働《はたら》かない限《かぎ》り等速直線運動《とうそくちょくせんうんどう》をする法則《ほうそく》。

エネルギー……物体《ぶったい》を動《うご》かしたり，変形《へんけい》・破壊《はかい》する能力《のうりょく》。

J《ジュール》……エネルギーの単位《たんい》。

位置《いち》エネルギー……高《たか》さで決《き》まるエネルギー。

運動《うんどう》エネルギー……運動《うんどう》している物体《ぶったい》が持《も》つエネルギー。

力学的《りきがくてき》エネルギー……位置《いち》エネルギーと運動《うんどう》エネルギー。

光《ひかり》エネルギー……光《ひかり》の持《も》っているエネルギー。

熱《ねつ》エネルギー……高温《こうおん》の物体《ぶったい》が持《も》っているエネルギー。

電気《でんき》エネルギー……電流《でんりゅう》の持《も》っているエネルギー。

化学《かがく》エネルギー……化学反応《かがくはんのう》を起《お》こすエネルギー。

エネルギー保存《ほぞん》の法則《ほうそく》……エネル

ギーの総量《そうりょう》は変化《へんか》しないで一定《いってい》である法則《ほうそく》。

●その2

C……炭素《たんそ》原子《げんし》

Fe……鉄《てつ》原子

Cu……銅《どう》原子

Mg……マグネシウム原子

O_2……酸素《さんそ》分子の化学式《かがくしき》

H_2……水素分子《すいそぶんし》の化学式《かがくしき》

CuO……酸化銅《さんかどう》の化学式《かがくしき》。

MgO……酸化《さんか》マグネシウムの化学式。

H_2O……水《みず》の化学式。

CO_2……二酸化炭素《にさんかたんそ》の化学式。

酸化《さんか》……物質《ぶっしつ》が酸素《さんそ》と結《むす》びつく反応《はんのう》。

酸化物《さんかぶつ》…酸化《さんか》の結果《けっか》できた物質《ぶっしつ》。

燃焼《ねんしょう》……熱《ねつ》や光《ひかり》を出《だ》す激《はげ》しい酸化《さんか》。

還元《かんげん》……酸化物《さんかぶつ》が酸素《さんそ》を失《うしな》う化学《かがく》変化《へんか》。

酸化銅《さんかどう》……銅《どう》を加熱《かねつ》するとできる黒色《こくしょく》の物質《ぶっしつ》。

塩化《えんか》コバルト紙《し》……水《みず》があるとうすい赤色《あかいろ》に変化《へんか》する紙《かみ》。

有機物《ゆうきぶつ》……炭素《たんそ》と水素《すいそ》を含《ふく》む化合物《かごうぶつ》。

水《みず》と二酸化《にさんか》炭素《たんそ》……有機物《ゆうきぶつ》を燃焼《ねんしょう》させるとできるもの。

熱《ねつ》エネルギー……有機物《ゆうきぶつ》の燃焼《ねんしょう》によって得《え》られるエネルギー。

化学電池《かがくでんち》……うすい塩酸《えんさん》に二種類《にしゅるい》の金属《きんぞく》を入《い》れるとできるもの。

燃料電池《ねんりょうでんち》……水素《すいそ》と酸素《さんそ》の反応《はんのう》で発電《はつでん》する装置《そうち》。

電気《でんき》エネルギー……電池《でんち》から得《え》られるエネルギー。

●その3

酢酸《さくさん》カーミン液《えき》……核《かく》を赤色《あかいろ》にして見《み》やすくする染色液《せんしょくえき》。

単細胞生物《たんさいぼうせいぶつ》……たった一つの細胞《さいぼう》からできている生物《せいぶつ》。

多細胞生物《たさいぼうせいぶつ》……多数《たすう》の細胞《さいぼう》からできている生物《せいぶつ》。

細胞壁《さいぼうへき》……植物《しょくぶつ》の細胞《さいぼう》だけにみられる細胞《さいぼう》をわける壁《かべ》。

細胞膜《さいぼうまく》……細胞《さいぼう》のまわりのうすい膜《まく》。

核《かく》……細胞《さいぼう》の中《なか》で染色液《せんしょくえき》によく染《そ》まる丸《まる》い部分《ぶぶん》。

細胞質《さいぼうしつ》……細胞《さいぼう》で核《かく》のまわりにある部分《ぶぶん》。

葉緑体《ようりょくたい》……植物《しょくぶつ》の細胞《さいぼう》だけにみられる緑《みどり》色の粒《つぶ》。

液胞《えきほう》……植物《しょくぶつ》の細胞《さいぼう》に見《み》られる細胞壁《さいぼうへき》・葉緑体以外《ようりょくたいいがい》のもの。

染色体《せんしょくたい》……細胞分裂《さいぼうぶんれつ》の時《とき》，核《かく》が変化《へんか》してできるひも状《じょう》のもの。

生殖《せいしょく》…生物《せいぶつ》が仲間《なかま》を増《ふ》やすこと。

有性生殖《ゆうせいせいしょく》……雌雄《しゆう》の区別《くべつ》のある生物《せいぶつ》のふえ方《かた》。

無性生殖《むせいせいしょく》……雌雄《しゆう》に関係《かんけい》のない生物《せいぶつ》のふえ方《かた》。

遺伝子《いでんし》……染色体《せんしょくたい》にあるそれぞれの形質《けいしつ》を支配決定《しはいけってい》するもの。

細胞分裂《さいぼうぶんれつ》……１つの細胞《さいぼう》が２つに別《わか》れること。

体細胞分裂《たいさいぼうぶんれつ》……生物《せいぶつ》の体《からだ》を作《つく》っている細胞《さいぼう》が分裂《ぶんれつ》すること。

減数分裂《げんすうぶんれつ》……染色体数《せんしょくたいすう》が体細胞《たいさいぼう》の半分《はんぶん》になる特別《とくべつ》な細胞分裂《さいぼうぶんれつ》。

花粉管《かふんかん》……雌《め》しべの柱頭《ちゅうとう》に付《つ》いた花粉《かふん》からのび始《はじ》める管《くだ》

精細胞《せいさいぼう》……花粉管《かふんかん》の中《なか》を運《はこ》ばれる動物《どうぶつ》の精子《せいし》にあたる細胞《さいぼう》。

卵細胞《らんさいぼう》……胚珠《はいしゅ》の中《なか》にある動物《どうぶつ》の卵《らん》にあたる細胞《さいぼう》。

受精《じゅせい》……卵《らん》の核《かく》と精子《せいし》の核《かく》がいっしょになること。

胚《はい》……受精卵《じゅせいらん》が分裂《ぶんれつ》をくり返《かえ》してできる細胞《さいぼう》のかたまり。

●その４

天体《てんたい》……太陽《たいよう》・月《つき》・星《ほし》など。

黒点《こくてん》……太陽《たいよう》で，まわりに比《くら》べて温度《おんど》が低《ひく》くなっているところ。

南中《なんちゅう》……南《みなみ》の空《そら》で最《もっと》も高《たか》くのぼったとき。

南中高度《なんちゅうこうど》……南中《なんちゅう》の時《とき》の高《たか》さを示《しめ》す角度《かくど》。

天球《てんきゅう》……空《そら》を球面《きゅうめん》と想像《そうぞう》して地平線《ちへいせん》より下《した》の半球《はんきゅう》も合《あ》わせた球《きゅう》。

自転《じてん》……コマのように回転《かいてん》すること。

地軸《ちじく》……地球《ちきゅう》の自転軸《じてんじく》。

西《にし》から東《ひがし》……地球《ちきゅう》の自転《じてん》の向《む》き。

日周運動《にっしゅううんどう》……地球《ちきゅう》の自転《じてん》による天体《てんたい》の１日《にち》の動《うご》き。

1時間《じかん》15°《ど》……日周運動《にっしゅううんどう》による星座《せいざ》の動《うご》き。（１日《にち》で360°《ど》）

公転《こうてん》……他《ほか》の天体《てんたい》のまわりをまわること。

公転面《こうてんめん》……公転軌道《こうてんきどう》の平面《へいめん》。

23.4°《ど》……公転面《こうてんめん》に垂直《すいちょく》な線《せん》に対《たい》する地軸《ちじく》の角度《かくど》。

年周運動《ねんしゅううんどう》……地球《ちきゅう》の公転《こうてん》による天体《てんたい》の１年《ねん》の動《うご》き。

1日《にち》1°《ど》……年周運動《ねんしゅううんどう》による星座《せいざ》の動《うご》き。（１年《ねん》で360°《ど》）

東《ひがし》から西《にし》……星座《せいざ》の年周運動《ねんしゅううんどう》による見《み》かけの動《うご》きの向《む》き。

黄道《こうどう》……天球上《てんきゅうじょう》の太陽《たいよう》の通《とお》り道《みち》。

太陽系《たいようけい》……太陽《たいよう》を中心《ちゅうしん》とした天体《てんたい》の集《あつ》まり。

恒星《こうせい》……みずから光《ひかり》を出《だ》し，星座《せいざ》をつくる天体《てんたい》。

惑星《わくせい》……恒星《こうせい》のまわりをまわる

天体《てんたい》。

衛星《えいせい》……惑星《わくせい》のまわりをまわる天体《てんたい》。

1光年《こうねん》……光《ひかり》が1年《ねん》かかってすすむ距離《きょり》。

●その5

緑色植物《りょくしょくしょくぶつ》……食物連鎖《しょくもつれんさ》で生産《せいさん》者《しゃ》と呼《よ》ばれる生物《せいぶつ》。

草食動物《そうしょくどうぶつ》……植物《しょくぶつ》を食《た》べる動物《どうぶつ》。

肉食動物《にくしょくどうぶつ》……動物《どうぶつ》を食《た》べる動物《どうぶつ》。

ピラミッド……食物連鎖《しょくもつれんさ》の数量関《すうりょうかん》係《けい》を表《あらわ》す図《ず》の形《かたち》。

光《ひかり》エネルギー……生産者《せいさんしゃ》が利用《りよう》するエネルギー。

二酸化《にさんか》炭素《たんそ》……すべての生物《せいぶつ》が排出《はいしゅつ》する気体《きたい》。

酸素《さんそ》……生物《せいぶつ》の中《なか》で植物《しょくぶつ》だけが排出《はいしゅつ》する気体《きたい》。

光合成《こうごうせい》……植物《しょくぶつ》が光《ひかり》エネルギーで有機物《ゆうきぶつ》を作《つく》るはたらき。

呼吸《こきゅう》……生物《せいぶつ》が有機物《ゆうきぶつ》を無機物《むきぶつ》に変《か》えてエネルギーを得《え》るはたらき。

循環《じゅんかん》……ぐるぐると，めぐりまわること。

CO_2……二酸化炭素《にさんかたんそ》の化学式《かがくしき》。

黄色《きいろ》……二酸化炭素《にさんかたんそ》が増《ふ》えるとＢＴＢ液《えき》は何色《なにいろ》。

菌類《きんるい》……カビやキノコの仲間《なかま》。

細菌類《さいきんるい》……ナットウキンの仲間《なかま》。

食物連鎖《しょくもつれんさ》……生物《せいぶつ》の間《あいだ》の食《く》う食《く》われるの関係《かんけい》。

生産者《せいさんしゃ》……無機物《むきぶつ》から有機物《ゆうきぶつ》を作《つく》り出《だ》している緑色植物《りょくしょくしょくぶつ》。

消費者《しょうひしゃ》……植物《しょくぶつ》の作《つく》った有機物《ゆうきぶつ》を使《つか》って生活《せいかつ》している動物《どうぶつ》。

分解者《ぶんかいしゃ》…生物《せいぶつ》の排出物《はいしゅつぶつ》や死《し》がいを無機物《むきぶつ》にかえる菌類《きんるい》や細菌類《さいきんるい》。

温室効果《おんしつこうか》……宇宙《うちゅう》へ熱《ねつ》が逃《に》げるのを妨《さまた》げる効果《こうか》（二酸化炭素《にさんかたんそ》，メタン）。

地球温暖化《ちきゅうおんだんか》……温室効果《おんしつこうか》によって起《お》こる現象《げんしょう》。

紫外線《しがいせん》……オゾン層《そう》が弱《よわ》めている有害《ゆうがい》な線《せん》。

フロン……オゾン層《そう》を破壊《はかい》する気体《きたい》。

＊これらのリストには，牧野英一さん（愛知）が作られたものも含まれています。

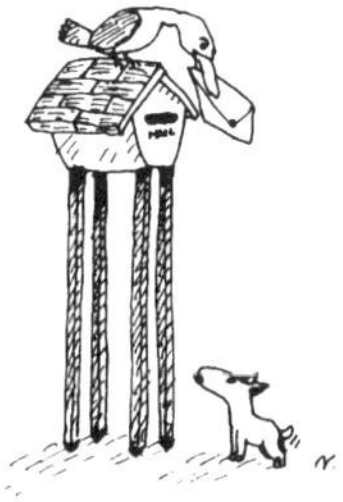

日本歴史人名マッキーノ　古代〜江戸編　江戸〜明治編

近藤浩一　千葉・松戸市六実小学校
編集：牧野英一　愛知・名古屋市楠中学校

市販の社会科資料集には，歴史年代に即して〈人名資料〉が載っています。そこでこれをマッキーノのリストにしてみました。江戸時代前までで22名。江戸時代からあとで，22名を選びました。

マッキーノを10回くらいやったら，テストをしてあげるとよろこびます。予習としてこのマッキーノをやってみましたが，復習としてやるより大きな成果が上がったと思います。

その理由は次のようです。

1．歴史の全体像が見える。

2．歴史人名マッキーノをやったあとに教科書を教えると，「あっ，大塩平八郎が出てきた」などと言って，記憶が確かなものになる。

3．暗記項目を発表する前にスリーヒント（時代，人となり，歴史事項）を言うので，いつも期待をもってマッキーノにのぞめる。この繰り返しでいくといつまでも飽きられない。（30回位やったと思う）

●歴史人名マッキーノリスト1

22人の人名ごとにスリーヒント（年代，人となり，歴史事項）を記します。教師は，フラッシュカードの人名を記した面の裏に，このヒントをメモしておくと，選んだ暗記項目を読み上げるとき，便利です。（マッキーノのやり方は本書102，107，157，172ぺ参照）

1．卑弥呼《ひみこ》…３世紀はじめごろ。中国の魏志倭人伝《ぎしわじんでん》に記されている邪馬台国《やまたいこく》の女王。倭人伝によると，30あまりの国をさしずし，中国に使いを送ったという。

2．聖徳太子《しょうとくたいし》……古墳《こふん》時代。推古《すいこ》天皇《てんのう》の摂政《せっしょう》として，天皇中心の仕組みを作るため努力した。十七条憲法《けんぽう》。冠位《かんい》十二階の制度をつくり，法隆寺《ほうりゅうじ》を建立《こんりゅう》し，遣隋使《けんずいし》を派遣《はけん》した。

3．小野妹子《おののいもこ》……古墳時代。聖徳太子の命を受けて，２度にわたり遣隋使の役目をはたした男の人。「日出ずるところ」にはじまる国書を届け，隋《ずい》の皇帝をおこらせた。

4．中大兄皇子《なかのおおえのおうじ》……古墳時代。蘇《そ》我氏《がし》をほろぼし大化《たいか》の改新《かいしん》を進めた皇子(のちの天智《てんち》天皇)。豪《ごう》族がもっていた土地・人民を朝廷のものにするなど，天皇中心のしくみを整えようとした。

5．中臣鎌足《なかとみのかまたり》……古墳時代。中大兄皇子らとともに大化の改新をすすめた豪族。新政府の中でも努力し，その手柄によって「大織冠《たいしょっかん》」という最高の冠位《かんい》と藤原の姓を授けられた。

6．聖武《しょうむ》天皇……奈良時代。東大寺の大仏・国分寺などをつくらせ，仏の力によって平和で豊かな国にしようとした天皇。遺品は正倉院《しょうそういん》におさめられ，今に伝えられている。

7．藤原道長《ふじわらのみちなが》……平安時代。藤原氏の全盛期をつくった貴族。４人の娘をつぎつぎに天皇のきさきにし，自分は摂政・太政大臣《だいじょうだいじん》となって政治をすすめた。「御堂関白《みどうかんぱく》」ともよばれた。

8．紫《むらさき》　式部《しきぶ》……平安時代。若いころから学問にすぐれ，選ばれて一条天皇の后《きさき》，彰子に仕えた。すぐれた女流作家・歌人であり，10年あまりかけて，「源氏物語」を書きあげた。

9．清少納言《せいしょうなごん》……平安時代。歌人清原元輔《きよはらのもとすけ》の娘。小さいころから学問を学び，一条天皇の后《きさき》，定子に仕えた。宮中の見聞を中心に，「枕草子《まくらのそうし》」にまとめた。

10．平　清盛《たいらのきよもり》……平安時代。武士として，はじめて政治の実権をにぎった武将，政治家。保元・平治の乱で，貴族や源氏をおさえ，やがて太政大臣の地位にまでのぼった。

11．源　頼朝《みなもとのよりとも》……平安・鎌倉時代。征夷大将軍《せいいたいしょうぐん》として鎌倉幕府《ばくふ》を開いた武将・政治家。幼いとき，平清盛によって伊豆に流されたが，やがて平氏を打倒し，武家《ぶけ》政治の基礎をかためた。

12．源　義経《みなもとのよしつね》……平安・鎌倉時代。頼朝の弟，平氏打倒のために活躍した武将。一ノ谷・屋島・壇《だん》ノ浦《のうら》の戦いなどで活躍したが，やがて頼朝との仲が悪くなり，奥　州《おうしゅう》にのがれて自殺した。

13．北条時宗《ほうじょうときむね》…鎌倉《かまくら》時代。鎌倉幕府の第８代執権《しっけん》。「家来《けらい》になれ」

という元《げん》の要求をしりぞけ，文永《ぶんえい》・弘安《こうあん》の２度にわたる襲来《しゅうらい》を防いだ。鎌倉に円覚寺《えんかくじ》を建立した。

14. 足利尊氏《あしかがたかうじ》……鎌倉・室町《むろまち》時代。室町幕府の初代将軍。鎌倉幕府に仕えていたが，のちの後醍醐《ごだいご》天皇に味方して幕府をほろぼし，天皇の名を１字もらって高氏を尊氏と改めた。

15. 足利義満《よしみつ》……室町時代。室町幕府第３代将軍。京都の室町に幕府を開き，南北朝《なんぼくちょう》の争いをおさめ，有力な守護《しゅご》をおさえるなど，幕府の最盛期《さいせいき》を築いた。

16. 足利義政《よしまさ》……室町時代。室町幕府第８代将軍。政治の実権は，妻，富子や有力守護大名に，にぎられていた。応仁《おうにん》の乱《らん》の後は，東山山荘にこもりがちだった。

17. 雪　舟《せっしゅう》……室町時代。日本の水墨画《すいぼくが》の完成者。おさないころ出《しゅっ》家《け》し，のち明《みん》（中国）に留学《りゅうがく》して水墨画を学んだ。

18. ザビエル…室町（戦国）時代。日本に初めてキリスト教を伝えたスペインの宣教師《せんきょうし》。1549年鹿児島に着き，その後２年あまりの間，平戸，山口，京都などで布教《ふきょう》した。

19. 上杉謙信《うえすぎけんしん》…室町（戦国）時代。越後《えちご》国（新潟県）を中心に勢いをふるった戦国大名。甲斐《かい》国（山梨県）の武田信玄《しんげん》とは，５度にわたって川中島で戦った。

20. 織田信長《おだのぶなが》……安土《あづち》・桃山時代。室町幕府をたおし，天下統一をめざした大名。古いしきたりにとらわれず，型やぶりの行動で勢いを広げたが，家臣の明智光秀《あけちみつひで》におそわれ，自殺。

21. 豊臣秀吉《とよとみひでよし》……安土・桃山時代。織田信長のあとをついで，天下統一をなしとげた武将。尾張《おわり》国（愛知県）の足軽《あしがる》の子として生まれ，その知恵と機敏《きびん》な動きで出世《しゅっせ》し，関白《かんぱく》にまでなった。

22. 徳川家康《とくがわいえやす》……江戸時代。江戸幕府を開いた初代将軍。織田信長，豊臣秀吉の死ののち，関ヶ原の戦いに勝ち，征夷大将軍の地位について，江戸幕府の基礎をかためた。

●歴史人名マッキーノリスト2

１．徳川家光《いえみつ》……江戸時代。江戸幕府の第３代将軍。19才で将軍になり，参勤交代《さんきんこうたい》の制《せい》を定め，鎖国《さこく》を実施《じっし》するなど幕府の支配体制《しはいたいせい》をかためることに努《つと》めた。

２．天草《あまくさ》四郎《しろう》……江戸時代。島原《しまばら》の乱の中心人物。本名は益田《ますだ》四郎《しろう》時貞《ときさだ》。おさないころから神童《しんどう》といわれしばしば不思議《ふしぎ》な力をあらわして，人々をおどろかせたという。

3．近松門左衛門《ちかまつもんざえもん》……江戸時代。歌舞伎・浄瑠璃《じょうるり》の台本《だいほん》作家。武士の子として生まれた。本名は杉森信盛。『国性爺合戦《こくせんやかっせん》』『曽根崎心中《そねざきしんじゅう》』などの作品が有名。

4．歌川《うたがわ》（安藤《あんどう》）広重《ひろしげ》……江戸時代。すぐれた風景画を残した浮世《うきよ》絵師《えし》。身分《みぶん》の低い武士の子として生まれたが，歌川豊広の弟子になり「東海道五十三次《とうかいどうごじゅうさんつぎ》」を発表してから，風景画家として有名になった。

5．本居宣長《もとおりのりなが》……江戸時代。伊勢国（三重県）松坂出身の医者・国学者。賀茂真淵《かものまぶち》の教えを受けて，古事記《こじき》や万葉集《まんようしゅう》を研究し，30年以上かけて「古事記伝」を書きあげた。

6．杉田《すぎた》玄白《げんぱく》……江戸時代。若狭国（福井県）小浜藩《はん》の藩医《はんい》・蘭学《らんがく》者《しゃ》。前野良沢《まえのりょうたく》らとともに，『ターヘル・アナトミア』を訳《やく》して，『解《かい》体新書《たいしんしょ》』として出版《しゅっぱん》。蘭学興隆《こうりゅう》の基を築《きず》いた。

7．伊能忠敬《いのうただたか》……江戸時代。天文《てんもん》学・測量《そくりょう》術などを学び，正確な日本地図をつくった学者。下総《しもうさ》国（千葉県）で酒造業《しゅぞうぎょう》をしていたが，50才のときに江戸に出て学問《がくもん》を学んだ。

8．大塩平八郎《おおしおへいはちろう》……江戸時代。大阪町奉行所《ぶぎょうしょ》の役人・学者。天保《てんぽ》の大飢饉《だいききん》のとき，自分の本を売ったお金で飢《う》えに苦しむ人々を救おうとしたり，悪徳《あくとく》と思われる商人の店を焼き討《う》ちしたりした。

9．ペリー……江戸時代。アメリカ合衆国《がっしゅうこく》の海軍軍人《かいぐんぐんじん》。1853年，4せきの軍艦《ぐんかん》をひきいて浦賀《ううらが》へ，さらに翌年《よくねん》も来航《らいこう》して開国《かいこく》を要求《ようきゅう》。ついに和親条約《わしんじょうしゃく》を結ぶことに成功した。

10．シーボルト…江戸時代。ドイツ人。オランダ商館づきの医師として，1823年に来日。長崎郊外に鳴滝塾《なるたきじゅく》を開き，日本人青年を教えるとともに，患者《かんじゃ》の治療《ちりょう》もした。

11．勝《かつ》　海舟《かいしゅう》……江戸・明治時代。早くから蘭学・航海《こうかい》術などを学び，幕末《ばくまつ》のことに幕府側の中心になった人物の一人。明治《めいじ》になってからも，参議《さんぎ》・海軍卿《かいぐんきょう》などの要《よう》職《しょく》についた。

12．坂本《さかもと》竜馬《りょうま》……江戸時代。土佐藩（高知県）出身。18才の時，江戸に出て，千葉周作に剣術を，勝海舟に航海術を学ぶ。薩長《さっちょう》を結びつけたり，大政奉還《たいせいほうかん》のため努力したりした。

13. 徳川慶喜《よしのぶ》……江戸時代。江戸幕府最後（第15代）の将軍。水戸（茨城県）藩主，徳川斉昭《なりあき》の子として生まれ，一橋家をついだ後，1866年将軍になる。

14. 西郷隆盛《さいごうたかもり》……江戸・明治時代。薩摩藩《さつまはん》（鹿児島県）の下級武《かきゅうぶ》士《し》出身。薩摩藩の中心になり，明治新政府の要職にもついたが，西《せい》南戦争《なんせんそう》にやぶれて自殺《じさつ》した。

15. 大久保《おおくぼ》利通《としみち》……明治時代。薩摩藩の下級武士出身。西郷とともに，藩の中心となって活躍。新政府の政治は，大久保を中心にすすめられたが，暗殺された。

16. 木戸孝允《きどたかよし》……江戸・明治時代。長　州《ちょうしゅう》藩（山口県）出身の政《せい》治家《じか》。西郷・大久保とともに倒幕《とうばく》に努力し，新政府の中心にもなり，維新《いしん》の三傑《さんけつ》といわれた。五か条の御誓文《ごせいもん》もつくった。

17. 福沢《ふくざわ》諭吉《ゆきち》……江戸・明治時代。中津藩（大分県）出身の教育者・思想家《しそうか》。慶応義塾《けいおうぎじゅく》の創立《そうりつ》者。蘭学や英語を学び，幕末に３度も欧米にわたって見聞《けんぶん》を広め，『西洋事情』『学問のすすめ』など出版。

18. 大隈重信《おおくましげのぶ》…江戸～大正時代。肥前《ひぜん》藩（佐賀県）出身の政治家・教育者。早稲田《わせだ》大学の創立者。倒幕運動で活躍《かつやく》。新政府でも要職につき，やがて外務大臣《がいむだいじん》，内閣総理《ないかくそうり》大臣にもなった。

19. 板垣退助《いたがきたいすけ》…江戸～大正時代。土佐藩(高知県)出身の政治家。倒幕運動で活躍。新政府でも重要な地位についたが，やがて自由民権《じゆうみんけん》運動の中心になり，国会開設《こっかいかいせつ》を実《じつ》現《げん》した。

20. 伊藤《いとう》博文《ひろぶみ》…江戸～明治時代。長州藩(山口県)出身の政治家。大久保利通が暗殺《あんさつ》されたのち，政府の中心になって，初代の内閣総理大臣になったり，憲法草案《けんぽうそうあん》を作成したりした。

21. 小村寿太郎《こむらじゅたろう》……明治時代。飫肥藩《おびはん》(宮崎県)出身の政治家。日《にち》露戦争《ろせんそう》後の調印《ちょういん》につくしたのち，外務大臣として条約改正《じょうやくかいせい》（関税自《かんぜいじ》主権《しゅけん》）に努力した。

22. 田中《たなか》正　造《しょうぞう》……明治時代。栃木出身の政治家。自由民権運動で活躍した後，県会議員《けんかいぎいん》・衆議院議《しゅうぎいんぎ》員《いん》となる。足尾鉱毒《あしおこうどく》事件解決のために，国会で追及《ついきゅう》したり，天皇に直訴《じきそ》したりした。

＊人名は『社会科資料集』（光文書院）の中から選択。スリーヒントの文面は同書を参考にして，私（近藤）が書きました。

楽しんで覚えた方が身につく

●数学マッキーノの試み

（初出No.259，02・11）

出口陽正　兵庫・篠山市篠山中学校

〔教科書用語ビンゴ「マッキーノ」については，本書102ぺ，106ぺ，144ぺ，171ぺの記事にやり方を紹介しています。また，『教室の定番ゲーム 1・2』（仮説社）にも関連記事が多数収録されていますので，ご覧ください〕

●数学でもマッキーノは有効か？

ボクは復習の時間をよくとっている方だと思います。授業の最初には，「はい，正比例の数式はどんなのだったっけ？」なんて，たいてい前の時間の復習を少しするようにしているのです。

しかし，子どもたちの学習意欲が減退してくると，その復習もかなり形式的なものになってしまいます。復習の時間が休憩の時間になってしまうのです。また，関数や図形のところで新しい用語がたくさん出てくるときには，とくに意識的に復習をするようにしているのですが，なかなかテストでいい結果が出ない場合もあります。

そこで，1年生の3学期の途中から，教科書の重要用語（関数や図形の用語）について，マッキーノをやってみました。そして，その後で，テストをしたところ（マッキーノの問題からすべて出題），平均点がどのクラスも9割以上で，その定着のよさにはちょっと驚きました（牧野さんによると，5～6回でそれぐらいの成果が上がるとのことです。ボクは10回はやっていたので，当然の結果なのかもしれません）。

ただこのときは，時間の関係で，きちんとマッキーノの評価と感想を聞くことができなかったので，いつか機会があればまた実験したいと思っていました。

ところで，マッキーノについては，《2倍3倍の世界》などの算数・数学の授業書がまだ一つもできていなかった10年ほど前に，エスケープや授業がつまらなくて不機嫌になっている教室の雰囲気に耐えきれず，「溺れるものはビンゴもつかむ」という感じでやったことがあります。でも，それは目的意識的な実践ではありませんでした。

小学校の算数では，九九マッキーノが有効だという話を聞いたことがありますが，中学の数学ではあまり報告を聞いたことがありません。そこで，少し目的意識的に取り組んでみることにしました。

●数学マッキーノの用語リスト

さて，新学期。マッキーノに再度挑戦することにしました。

2年生の数学はどの教科書も文字式の計算から始まります。教師は計算のやり方を教えるだけ，子どもたちは計算練習を繰り返す……というのが普通の授業の姿でしょう。また，〈新しい学年になってがんばろう！〉という子どもたちの学習意欲に支えられて，なんとか乗り越えるというのが，毎回2年生をもったときのボクの姿です。そこで今回は，なんとか〈たのしく習熟をはかりたい〉と思いました。

2年生の文字式の計算というのは，1年生のとき習った知識の上に成り立っているので，マッキーノで復習すればかなり効果的ではないかと予想していました。さらに，〈教師が「わかっていて当然」と思っている用語が，じつは子どもたちはわかっていない〉ということがよくあるので，そういう用語や教科書の後半に出てくる文字式を使った表現（たとえば「10x＋y」など）を予習させておけば，子どもたちの不機嫌が充満した教室から少しは解放されるのではないかとも思っていました。

それでは，以下，実際にボクが使った「文字式マッキーノリスト」を紹介しておきます。

＊いつも，22枚のカードを使ってやっています。表には問題を，裏には答えを書いて出題しています。下記のリストの □ が答えにあたります。□ の隣に書いてある文章は，答えを見せるときに付け加えて説明しているものです。

中学2年数学　文字式マッキーノ

① $a \times 3 = \boxed{3a}$　×記号を省略して，数を前に書く

② $b \times a = \boxed{ab}$　積（かけ算の答え）はアルファベット順に

③ $x \times x \times x = \boxed{x^3}$　同じ文字の積は指数で表す

④ 3a，－2x の「3」「－2」を文字の $\boxed{\text{係数}}$ という。

⑤ $-1 \times x = \boxed{-x}$　係数の1は省略する　$1 \times x = x$

⑥ $(x + y) \times 3 = \boxed{3(x + y)}$　（　）も文字と同じ

⑦ $a \div b = \boxed{\dfrac{a}{b}}$　÷記号は省略して分数の形で書く

⑧ $(x+y)\div 3 = \boxed{\frac{x+y}{3}}$ 分子の（ ）は省略して，書かない

⑨ $2x$ と $3x$ のように，文字が同じ項 $\boxed{\text{同類項}}$

⑩ $2x+3x = \boxed{5x}$ 同類項は係数のたし算でひとまとめにできる

⑪ $2a+3b = \boxed{2a+3b}$ 同類項でなければ計算できない

⑫ $3(a+4) = \boxed{3a+12}$ 分配法則

⑬ $3a$，xy のように，
数や文字の乗法だけでできている式 $\boxed{\text{単項式}}$

⑭ $2x+3y$ 単項式の和で表されている式 $\boxed{\text{多項式}}$

⑮ 単項式で，〈かけあわされている文字の個数〉を
その式の $\boxed{\text{次数}}$

⑯ 多項式 $2x-5$ の次数は1なので $\boxed{\text{一次式}}$

⑰ 多項式 $2x^2+3x+5$ の次数は2なので $\boxed{\text{二次式}}$

⑱ 自然数（1，2，3……）をnとすると，
偶数（2，4，6……）は $\boxed{2n}$ で表される。

⑲ 奇数（1，3，5……）は $\boxed{2n-1}$ で表される。

⑳ 十の位をa，一の位をbとすると，
2ケタの整数は，$\boxed{10a+b}$ で表される。

㉑ 半径rの円の面積S $\boxed{S=\pi r^2}$

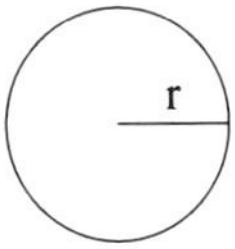

㉒ 半径rの円周l $\boxed{l=2\pi r}$

●マッキーノの評価と感想

マッキーノの評価と感想をとるのは初めてです。授業の様子を見ていると，子どもたちはなんとなく楽しそうなんだけど，その魅力はどのあたりにあるのかを聞いてみました。またクラスによっては「もうあきているのかな？」と心配なクラスもありました。中間テストの範囲が少なかったので，今回はマッキーノでとりあげた内容もそのまま全部出してみました。評価と感想は，テストを返した後にとったものです。なお，マッキーノでとりあげた内容についてのテストの結果は，５クラスとも平均90点を超えていました。

□たのしさの評価（５段階評価で，５が一番いい）

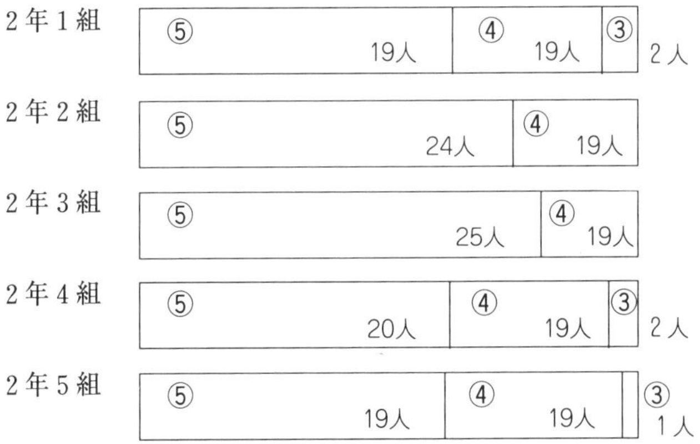

□ためになったかどうかの評価

各クラスのマッキーノのテストの平均点と評価です。テスト全体の平均点も高かったので，「テストの点がとれてためになった」と思った子が多かったのでしょうか。

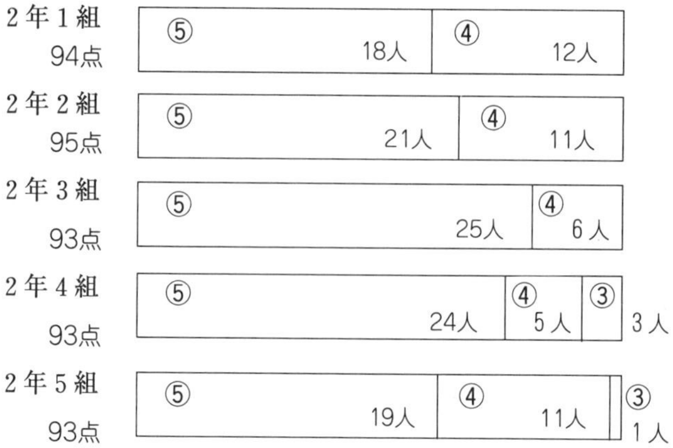

それでは子どもたちの感想を紹介します。(名前のあとの数字は,「たのしさ度」と「ためになったか度」の評価です)

■たのしく覚えられるなんて一石二鳥

私は，ビンゴゲームが大好きだからスゴク楽しかったです。しかも，マッキーノはけっこうおぼえられるんですよね。わー！　たのしくおぼえられるなんて一石二鳥じゃないですか！　ぜったい続けましょう。しかも私はまだマッキーノしかとったことないのでゼロ列と最多列をとりたいです。マッキーノ最高!!　ウキキ♥

(平野敦子　5・5)

■賞があるのでやりがいがあります

大切な単語や公式を楽しくビンゴみたいにできるので，やっているうちにいつのまにかおぼえられていいです。それに早上がり賞，最多列賞などの賞があるのでやりがいがあります。でも2年生になってから「0列賞」を1回とっただけでくやしかったです。これからもずっとマッキーノを続けてほしいです。とてもおぼえやすかったです。　(堀毛美香　5・5)

■スリルがあってたのしい

たのしかった所は，早あがりや0列のときに，マッキーノしてほしいときになかなかあがれなくて，ほかの人にマッキーノされたりするし，マッキーノしたくないのになぜかあがってしまうからふしぎです。だからこのゲームはスリルがあってたのしいです。ためになった所は，語句を覚えやすかったから。　（三角啓太　5・5）

マッキーノには「早上がり賞」「最多列賞」「0列賞」など多様な賞があり，人気があります。子どもたちはボクの予想以上にドキドキしながらやっているようです。よほどたのしいのか，「塾の先生に教えてやっている」とか，「家でもお母さんとやっている」という子もいて驚きました。

さて，「楽しい」のはもちろんですが，予想以上に子どもたちは自分が覚えていることに驚いています。これはテストで有能になったことを確かめた後だから，よけいそうなのでしょう。

■楽しんでいるときに覚えた方が身につく

数学の言葉をマッキーノの表に書き入れることで，自然に身についたと思う（毎日違う言葉を書くし）。それに，ビンゴにしたから楽しいし，みんな喜んでその言葉を書くから，嫌なときに覚えるより，楽しんでいるときとかに覚えた方が身につくから良かったと思います。　（小林由佳　5・5）

■自然に覚えたのは自然に出てくる

たのしさ度5のわけ。うん。ビンゴゲームみたいで（つーかビンゴ?）めっちゃくちゃおもしろかったです♥　ためになる度5のわけ。これはですね。いちいち，おぼえなくても授業で叫んでいるうちに自然におぼえました（もう少しやってたら，完全におばえきれたカナ……）

両方まとめてのいけん!!!　これは，楽しくお遊び気分でできて，でもちゃんと自然に体の中（頭）に入ってくのが１バンよかった。自然におぼえたのは，自然にでてくるし，ムリヤリつめこんだのはなか^{2}でてこないから，つまり〜……。でぐちーのはサイコー!!

（松元理香　５・５）

■おかげで全問クリアー！

ビンゴみたいでとってもおもしろく，数学の授業は始まる前から楽しかったです。テストのマッキーノでは，実を言うとマッキーノ自体はあまり勉強していませんでした。ケドいっつもマッキーノをしていたおかげで全問クリアー！　とってもためになりました♥

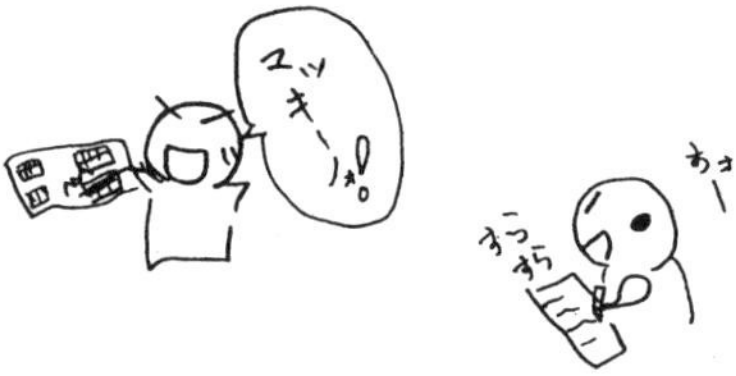

（西尾　悠　５・５）

■めっちゃ勉強になった

マッキーノはめっちゃおもしろかった。ビンゴ形式になっていたから，わかりやすかったし，最後に早上がりとか最多列とか賞があったからたのしかった。けっこうマッキーノをやってたら，授業中とかにマッキーノでやった所がでてきたらすぐにわかったから，マッキーノはめっちゃ勉強になった。　（堀毛　彩　５・５）

堀毛さんのように「授業がわかりやすい」という予習効果についてふれている子もたくさんいました。「楽しんでいるときとかに覚えた方が身につく」と小林さん。「自然におぼえたのは，自然にでてくる」と松元さん。子どもたちがそう言うのですから，そうなのでしょうねぇ。それでも，ボクは「なんでこれで覚えられるのか？」と不思議に思ってしまうのです。

●思わぬ波及効果

マッキーノは思わぬ波及効果もありました。

■マッキーノの後の授業はなぜかたのしい

毎回楽しみながら頭にはいっていくから，すごくおもしろかった。マッキーノの後の授業は，なぜかたのしいです（きっと楽しかったことのあとだから!?）　（溝畑　絢　5・5）

■その授業全体が楽しくなる

とても簡単におぼえられて，楽しかった。普通に授業をこなしていくうちに，かってにおぼえていた。マッキーノのいい所は，授業が始まってすぐに練習問題とかいきなりされると楽しくなくなって，勉強が嫌になっていくときがあるけど，マッキーノをやっていると自然に楽しくなってその授業全体が楽しくなる所だと思う。

（小林慶祐　5・5）

■授業がいい気分ではじめられます

授業がはじまるとマッキーノがあり，授業がいい気分ではじめられます。色々な語句が気軽におぼえられ，テストでもけっこういい点をとれてよかったです。マッキーノはとても楽しいので，続けてもらえるとうれしいです。　（畑　広志　5・4）

これらの感想はちょっと予想外。マッキーノの後の授業といっても，そんなに特別な授業などしていません。それでも子どもたちがいい雰囲気でいてくれたのなら，それもありがたいことです。

波及効果といえば，こんなこともありました。若い英語の先生から，「出口先生，マッキーノって何ですか？」と突然言われました。その先生によると，子どもたちは英語の練習ノートの中に「英語でもマッキーノをしてください」とか「英語でも楽しく覚えさせてください」と書いていたそうです。子どもたちはマッキーノの威力をよく知っているのです。

●基礎的なことは学校で定着を

いずれにせよ，今回の「文字式マッキーノ」は数学の授業におけるマッキーノの効果的な一例になると思うのですが，どうでしょうか。毎時間10～15分かかるということで，最初は時間的な心配をしていましたが，教科書の理解も高められたのか，スムーズに進んで時間が足りなくなるようなことはありませんでした。

マッキーノの効果を同学年の先生に話していたときのことです。ある先生が「楽しく自然に覚えられていいんですかね。やっぱり苦労して覚えなくちゃだめなんじゃないですか」と言いました。もともと学生時代から一生懸命努力主義のボクなどは，そういう言葉を聞くとすぐに「そうだよな～」と思ってしまうのです。

しかし，すぐに「基礎的な事項の定着は学校でさせるのが普通なんだ」「子どもたちが楽しく身につくと言っているから，それでいいのだ！」と思ったのでした。

＊

１学期末にはうだるような暑さの中でしたが，《電卓であそぼう》を子どもたちとたのしみました。やっぱり授業書をやっているときの自分が一番元気だなと思いました。

今，〈数学教育における文字や記号の教え方〉について，新しい問題意識で研究を始めつつあります。ボクが全力で取り組むことは，〈新しい授業書開発にかかわる研究〉と，〈目の前の子どもたちが喜んでくれる授業書の時間を１時間でもふやすこと〉です。でも，今回の結果から，これほど子どもたちが喜んでくれて，しかもテストなどでいい結果が出るものなら，マッキーノの数学の授業における有効な使い方もいろいろと実験してみたいとも思いました。（2001.7.22）

●追記：マッキーノにも原則を

この資料を昨年の仮説実験授業研究会の夏の全国大会（三重県鳥羽市）で発表したところ，思ったより反響があって驚きました。その後も何度かマッキーノをやってみましたが，改めて感じたことをいくつか追記しておきます。

一つは，開発者の牧野英一さんが言われているように，「どのような用語をとりあげるか」ということです。単元によって，マッキーノで効果が出るものと，そうでないものがあるようです。これは今後，実験的に明らかになってくることだろうと思いますが，いいリストを作成するには，教科書の内容の〈何が重要で何があまり重要でないか〉をわかっていることが大切だと思います。それを見極めないで，何でもリストに入れてしまっては，マッキーノの楽しさや効果が半減すると思うのです。

マッキーノは仮説実験授業の授業書に比べて取り組みやすいのは確かです。少なくとも普段の苦しい授業や子どもたちがつまらなさそうにしているのを目の当たりにすることから解放されるのなら，意義はあります。でも，今では数学の授業書も増えています。授業書を通じて，自分の頭で考えることの楽しさ，数学の面白さを知ってほしいと思っています。だから，マッキーノに夢中になった人たちが「授業書をする時間がなくなる」なんてことにはならないでほしいと思っています。そういう意味でマッキーノの楽しさは〈両刃の剣〉みたいな気がしています。

1 学期は，中学 3 年生と《図形と証明》をやるためにマッキーノをしませんでした。でも，受験でイライラする子どもたちも出てくるでしょうから，マッキーノは気分転換にもなると思います。その時どきの子どもたちの様子を見ながら，やっていくつもりです。数学マッキーノも意義と限界を意識しつつ，いいリストを作りたいなと思っています。 (2002.8.3)

（初出No.262，03・1）

自習もマッキーノで

大阪・福本陽子

理科の講師をしているときは「マッキーノ」を定番にしていて，卒業生に会っても「またマッキーノしよう！」と言われるほどです。中学 2 年の人体のところなどは言葉の説明以外に目のつくりなど，図で問題を示すこともあります。楽しく覚えられると子どもたちにも大好評です。

今は 2 年生の選択授業で，「1年生の復習」として，1 年生のリストでマッキーノしています。自習時間も，理科委員にまかせれば，「マッキーノ大会」(4 回ぐらい）で，OK！

でも，数学を担当している年はマッキーノができなくて淋しい思いをしていました。

だから，『たの授』No.262の出口陽正さんの「楽しんで覚えた方が身につく――数学マッキーノの試み」(本書131ぺ再録）は，目からウロコでした。今度数学を担当したら，ぜひ「数学マッキーノ」に挑戦したいと思います。

マッキーノ
ゲーム感覚でドリル
漢字・部首・人名・誕生日

心を入れ替えて 漢字マッキーノ

●小学校高学年でも楽しいドリルは可能

（初出No.259，02・11）

高橋俊文　愛知・名古屋市伝馬小学校

ぼくと〈漢字ビンゴ〉

ぼくが初めて〈漢字マッキーノ〉をやってみたのは，1992年度，２年生を担任していたときのことでした。

そのころはまだ「漢字ビンゴ」と言っていたのですが，開発者の牧野英一さん（名古屋・藤森中学校）は，サークル（名古屋仮説実験授業研究会）でいつもマッキーノ関係の資料を発表されていました。

その影響を受けて，ぼくも「何かマッキーノにできる題材はないだろうか」と考えてました。でも，そのころはずっと低学年を担任していたせいか，なかなかよいネタを思いつくことができませんでした。

しかし，マッキーノは「たのしくドリル」がウリです。だとすれば，低学年でもできることはいろいろ考えられるはずです。そこで目をつけたのが，漢字の練習でした。子どもたちにとって，決して歓迎されているとは言いがたい漢字の練習を，マッキーノでたのしくドリルできるようになったら，どんなに素晴らしいことでしょう。そこで，さっそく〈漢字マッキーノ〉のシステム作りに取り組んだのでした。

> **＊マッキーノとは＊**
> ビンゴゲームの要領で，マスの中に漢字や英単語などを書き込み，ゲームをしながら習熟していく方法のこと。名古屋の牧野英一さんが中心になって開発されて，「マッキーノ」と呼ばれている。具体的な〈漢字マッキーノ〉のすすめ方は，157ペに掲載。なお，マッキーノについては，『教室の定番ゲーム』『教室の定番ゲーム２』（いずれも，仮説社）にも掲載されている。

最初に考えたのは，普通のマッキーノと同じく「22個の漢字(熟語）から，４×４＝16個を選ぶ」という方法でした。そして，「同じ内容で10回行ってからテストをする」というサイクルをとってみました。このときには，校内の研究テーマが「漢字をたのしく学ぶ」といったことだったので，当然のごとく授業研究でもマッキーノを取り上げましたし，その年の夏の仮説実験授業研究会の大会（蓼科大会）でも一連のいきさつを発表しました。ちなみにぼくにとっては，このときが夏の大会初参加，初発表でした。そして，そのころの様子は「漢字で感じる習熟の喜び」という文章を書いたくらいで，予想以上に子どもたちの歓迎度は高く，また習熟の成果も挙げることができました。そして，「漢字マッキーノは，低学年にこそ向いている」と考えるようにもなりました。

しかし，このときには「時間がかかり過ぎる」という問題もありました。４×４＝16マスの方法で漢字マッキーノを行うと，低学年ではコンスタントに20分近くかかります。時間に余裕のある低学年とは言っても，これでは少々つらいものがあります。そこで，翌年からは「14個の漢字（熟語）から，3 × 3 = 9個を選ぶ。同じ内容を5回行ったらテストをする」という方法をとることにしました。これによって，時間は半分近くに短縮することができましたし，学年が進むにつれて増えていく新出漢字の量にも対応することができるようなりました。

また，その翌年には「〈漢字マッキーノ〉の用紙に漢字を書いてくること」を毎日の宿題とし，「ゲームのみを学校で行う」という方法をとったときもありました。これは，保護者からの「宿題を出してほしい」という要求に対応しての策でしたが，子どもたちからはブーイングも起こらず，「これぐらいだったら宿題としては適量かな」と思ったりもしました。

こうして，2年生，3年生，4年生（この年の1995年度からビンゴでなく「マッキーノ」と言うようになりました！），そして学校をかわってからの4年生と，毎年〈漢字マッキーノ〉を行い，子どもたちからは大きな支持を得ていたのでした。特に，〈マッキーノ〉と言うようになった年には，「マッキーノはみんなで一緒に漢字の勉強ができるところがたのしい」という感想をもらい，マッキーノの奥深さを思い知らされたものでした。

〈漢字マッキーノ〉から5問テストへ

ところで，96年度には，ワケありで突然6年生を担任することになりました。そして，この時，「果たしてこのクラスで〈漢字マッキーノ〉を行ったものかどうか」と迷ってしまいました。

この学年の子どもたちは，３年・４年と奔放に育てられたため，のびのびとエネルギッシュではありましたが，反面，漢字や計算などの習熟度は低く，学力の個人差もずいぶんありました。それが５年生になって，新しい担任から弾圧を受けたり，習熟不足を糾弾されたりしたために一気に不満が爆発して，３学期ごろには「学級崩壊」寸前状態にまでなっていました。そこで，急遽ぼくのところにお鉢が回ってきたというわけなのです。

けれども，いざ担任してみると，子どもたちは決してすさみきっていたわけではありませんでした。このときには，「出会いの授業」として仮説実験授業《空気と水》をやったのですが，反応は良好で，「こんなにたのしい授業は初めて」などといったうれしい感想を書いてくれる子どもも何人かいたほどです。だから，「仮説実験授業を中心にしていけば，きっとたのしく過ごすことはできる」といった確信を持って教室に臨むことができました。

しかし，「〈漢字マッキーノ〉による成果」という点については，自信を持つことができませんでした。なぜならば，ぼくの中に「このクラスの子どもたちは，仮説実験授業のような即効性のあるたのしさは歓迎しても，ドリルを伴うマッキーノに対しては，その表層的な部分しかたのしまないのではないか」といった予想があったからです。つまり，「ゲームとしてのマッキーノは歓迎されても，かんじんの漢字の力はつかないだろう」と思ったのです。それに，「〈漢字マッキーノ〉が有効なのは低学年に対してであって，高学年は新出漢字も多いし，ゲームのたのしさをちらつかせてドリルをさせるよりは，正面きって練習させた方がよいのではないか」という思いもありました。だから，この年は〈漢字マッキーノ〉は一回もやらず，毎日５問テストを繰り返したのでした。

毎日の５問テストは，それなりに効果があったとは思います。しかし，決定的に漢字が苦手な安藤くん（仮名）や，努力というものを一切しない田口くん（仮名）たちにとっては，５問テストをしようが，他の方法をしようが，大して変わりはありませんでした。

もっとも，この年，〈歴史人物名マッキーノ〉というのはやりました。ただ，これはある時期に集中して行ったので，それまでのように「日常的にマッキーノを行っている，マッキーノが日常化している」といった状態からはほど遠いものでした。

その翌年，またまた６年生を担任したのですが，この学年の子どもたちは，前年度の６年生とはずいぶん様子がちがっていました。非常に子どもらしく素直だったし，何より「４年生のときに，クラスの半数はぼくが担任していた」という事実がありました（ぼくの学校は，各学年２クラスです)。だから，子どもたちは〈漢字マッキーノ〉をたのしみにしてくれていて，「先生，６年生でも〈漢字マッキーノ〉をやるんでしょう」なんて言ってきてくれたりしました。

それはそれでうれしいことではあるのですが，やっぱりぼくの中には「〈漢字マッキーノ〉は低学年向き。せいぜい４年生ぐらいまで」なんて思いがあったものですから，「いやぁ，漢字は毎日５問ずつテストをして覚えていってもらうよ。マッキーノは，歴史人物名でやるからね」と言って，その前の年と同じように進めるつもりでいました。

ただ，4月早々の学級懇談会では，「うちの子は，ちっとも漢字の練習をしないんです。4年生のときはマッキーノがあったから，ちょっとは書けていたように思うんですけれども……。だから，今年もマッキーノで漢字の練習をしてもらえるとありがたいです」なんてことを言われてしまいました。これってスゴイことですよね。お母さんたちも，マッキーノの成果を認めていたというわけですから。それでもぼくは「いやぁ，今年は〈漢字マッキーノ〉よりもっと効率的な漢字の練習を進めるつもりでいるんですよ」なんてことを言って，その要求を退けてしまっていたのでした。

今考えると，実にオソロシイ，もったいない話です。そして1学期の間，漢字5問テストを淡々とやり続けたのですが，そんな状態で迎えた夏の仮説実験授業研究会の大会（1997年）は，ぼくにとって大きな転機となるものでした。

竹田さんの提言「子ども中心・たのしさ優先主義」

大会の3日目に行われた「マッキーノ分科会」は例年になく盛況で，40人ほども人がいたでしょうか。そんな中で，名古屋西サークルの竹田美紀子さんが発表された漢字マッキーノに関する文章を目にしたとき，ぼくはちょっとしたショックを受けてしまったのでした。

その文章というのは，『たのしい授業』98年6月号に掲載された「なぜだかわからないけど〈漢字マッキーノ〉をやると漢字が覚えられる」という記事の元になったものです（『教室の定番ゲーム２』仮説社，に再録)。その中にもあるように，名古屋西サークルで〈漢字マッキーノ〉を紹介したのはぼくです。そして，竹田さんや伊藤穂澄さん（三重・木曽岬小）といった方たちが〈漢字マッキーノ〉を始めるようになってくれて喜んでいたのですが，「竹田さんたちは，どういう思いで〈漢字マッキーノ〉をしていたのか」といったことは考えもしませんでした。ただ，現象面で「〈漢字マッキーノ〉をすると，驚くほど漢字が読めるようになるし，書けるようにもなる」という事実を確認し，「やっぱり〈漢字マッキーノ〉はいいよねぇー」という話でとどまっていたのでした。

けれども，竹田さんはもう少し深いところでマッキーノの効果というものを考えてみえたようです。「マッキーノでも漢字が苦手だ」という子どものことを考えて実験的に行ってみたり，様々な視点からマッキーノをとらえ，そして「なぜだかわからないけれど，それでも有効だということは認めざるをえない」という結論を出されたのでした。

ぼくには最初から「〈漢字マッキーノ〉が有効であるということにまちがいはない」という前提がありました。だから，あとは「いかに効率的にマッキーノを行うか」といったテクニック面ばかりが気になっていたのです。つまり，「〈漢字マッキーノ〉は有効なはずなんだから，これでも漢字が書けるようにならないというのは，ゲームのたのしさにばかり目がいってしまい，かんじんのドリルという面がおろそかにされたからにちがいない」という思いがあったのです。それで漢字が苦手だという子どもたちに対しては，テストに不合格だったら追試を行ったり，まちがった字を練習させたりと，ふつうの漢字練習と変わりないような，かなりおしつけがましいことをやっていたのです。また，それだからこそ，漢字が苦手な子どもが多かったり，ドリルそっちのけでゲームに興ずるという予想の立った高学年のクラスでは，〈漢字マッキーノ〉は避けていたのでした。

そんな状態でしたから，竹田さんの文章の中の「――５問テストでできなかった２人の子は，（〈漢字マッキーノ〉をやっても）あいかわらずできていませんでしたが，その子たちにしても，同じできないのなら，楽しい思いをする分だけこっちの方が得ではありませんか。そこで，この学期末には，漢字はしばらくマッキーノだけのドリルを行いました。――それに，子どもたちは５問テストより，マッキーノの方がうんとうんと好きです。毎朝がテストでスタートするより，ゲームでスタートの方が楽しくていいではありませんか――」（下線＝高橋）という部分で，ガーンとどつかれたような気になったのです。「とことん使って限界を知る」ということ，「子ども中心主義，たのしさ優先主義」ということを，ぼくは忘れていたのでした。そしてすぐに思い浮かべたのは，このときのクラスにいた河上くん（仮名）のことでした。

河上くんは体が弱く，すぐに熱を出してしまうのですが，勉強も全般に苦手で，特に算数では全くのお客さん状態でした。そして，「明日はテストをします」と予告をすると，たいてい休んでしまうのです。そんなでしたから，欠席日数も多く，結局６年生の１年間で欠席は60日ほどになりました。河上くんの場合，算数は今までに蓄積されてきたものが決定的に不足しているので，６年生の内容にはとても歯が立ちません。けれども，漢字はその場で努力すれば，ある程度はなんとかなります。だから，ぼくは河上くんに対し，算数では特に注文をつけませんでしたが，漢字はがんばるよう要求してきました。けれども，５問テストの結果は，決して芳しいものではありませんでした。そんな河上くんに，ぼくは歯がゆい思いを持っていたのですが，それでも１学期は，漢字５問テストを続けていたのでした。

けれども，河上くんは４年生のときには〈漢字マッキーノ〉を歓迎してくれていました。それで成績が極端によくなったわけではないのです。少なくとも，抵抗なくドリルをしていってくれました。それは，河上くんの気持ちの中に「漢字を書かなければ，ゲームに参加することができない」という意識があったからでしょうが，そこにこそマッキーノの〈ゲームでありながらドリルでもあるという特徴〉があると思うのです。ぼくは，そんなことを思いながら，２学期からの〈漢字マッキーノ〉の準備を始めたのでした。

〈5問テスト〉から〈マッキーノ〉へ

さて，夏休みが終わり，子どもたちの前で「２学期からは，漢字の勉強はマッキーノでやります」と宣言すると，教室は大歓声で沸き立ちました。

そして，いざ始めてみたところ，快調です。子どもたちはもちろん〈漢字マッキーノ〉を大歓迎してくれましたし，その成果もまずまずです。以前のぼくだったら，パーフェクトでなければ不満を感じたところですが，竹田さんの提言を胸に，子どもたちのたのしさを第一に考えているので，少々不合格が出ようがそれほど気にはしていません。ただ，やりっぱなしでは意味がないと思うので，不合格の子どもにはやっぱり復習や追試をしてもらいました。でも，以前ほどやかましくは言わなくなったつもりです。

そして河上くんはと言うと，相変わらずです。でも，心なしか漢字の勉強をするときの顔が明るくなったようにも思います。本人の気持ちは聞いてなかったのですが，少なくとも，ぼくの心の持ち方は確実に変わりました。それは単に「同じできないならば，たのしい方がいいではないか」といった気持ちではなく，「たとえできない子どもでも，たのしさを味わうことができる」という積極的な支持の気持ちです。このときから，ますますマッキーノに対する信頼が深まったような気がしています。

ところで，この時もぼくは「簡略型マッキーノ」で行っていました。つまり，〈歴史人名マッキーノ〉でやっていたように，14の項目から９マスをうめる方法です。小学生の場合は，22の項目から16マスをうめる正規のマッキーノより，この簡略型の方が合っているような気がしています。それは，なんといっても「短い時間で済む」という利点があるからです。小学校は１単位時間が45分ですし，書くのに時間がかかる子も結構いるので，低学年でなくても，また漢字に限らず他の内容でマッキーノを行う場合でも，「簡略型」がいいのではないでしょうか。

そういえば，名古屋サークルの松野修さん（大学非常勤講師）のお呼ばれで女子大へ話をしに行った時にも，この「簡略型漢字マッキーノ」を紹介しました。松野さんは「大学教育におけるマッキーノ実践」の第一人者として，よく「国旗マッキーノ」をやってらっしゃるのですが，いつも４×４＝16マスの正規型ばかりで，簡略型をやったのはこの時が初めてだったそうです。そしてその感想は「このやり方だと決着つくのが早いねぇ」というものでした。「早ければそれで全てOK」という訳でもありませんが，小学生にとっては重要な問題ではないかと思います。

さて，次の年（1998年）は久しぶりに２年生の担任です。もちろん，４月早々から漢字はマッキーノで勉強しています。子どもたちの評価は上々ですし，毎朝「今日はマッキーノやるの？」と聞いてきてくれます。「ドリル」がこんなに歓迎されるなんて，自分の子どものころと比べたら，まったく天と地ほどのちがいです。子どもたちとたのしさを共有できるドリル＝マッキーノを，これからもやめるわけにはいきませんね。

子どもと母親の感想

最後に，授業参観でマッキーノを見てもらったときの，子どもとお母さんたちの感想を紹介しましょう。

☆ビンゴゲームみたいでとっても楽しい　（水谷友紀子さん）

かん字マッキーノは，１年生の時やらなかったから，はじめてです。１学き，かん字マッキーノは楽しかったです。かん字もおぼえられるし，ビンゴゲームみたいでとっても楽しいから，ずっとやっててほしいです。やったかん字マッキーノのプリントはバインダーにはさんであります。ほんとに楽しいです。

☆むずかしいかんじが，できるようになった　(水野雅人くん)

ちょっとむずかしいかんじだけど，たのしいよ。むずかしいかんじが，できるようになったよ。かんじマッキーノはとってもたのしいよ。

☆3がっきまで，ずっとつづけて　(中村咲月さん)

かん字マッキーノ，たのしいよ。あそびみたいで，かん字のれんしゅうにもなって，たのしいよ。かん字マッキーノをやってるうちに，かん字がすきになったよ。3がっきまで，ずっとつづけてくださいね。

☆かん字がすきになった　(牧卓也くん)

かん字マッキーノで，かん字がすきになったよ。6れつがさいこうだよ。

★イキイキと学んでいる息子を見るのは初めて　(若山くんのお母さん)

楽しく，イキイキと学んでいる息子を見るのは初めてのことで，嬉しく参観することが出来ました。マッキーノは，子供達が楽しく学習することができ，良いと思います。

★本当に子供達が楽しくやっている　(中根くんのお母さん)

漢字マッキーノを見たときに，子供に聞き，こんな風な勉強の仕方があるんだと感心したと同時に，きっと楽しいだろうと思いました。実際，カードや授業を参観し，本当に子供達が楽しくやっているので，すごいと思いました。自分が全然わからなくても，こういう形でやれば，子供達もきっと覚えていくんだと思い，たのしい授業参観でした。

★みんなでたのしみながらできるのがいい　(志知くんのお母さん)

みんなでたのしみながらできるのがいいと思います。家では机に向かって勉強することがなかなかできなくて，これから学校でやったように家でもやりたいと思います。

小学校全学年で有効な〈漢字マッキーノ〉

どうでしょうか。やっぱり低学年と高学年とでは，多少配慮するポイントがちがってはきますが，基本的に「漢字の練習はマッキーノが（非常に）有効である」という点はまちがいないと思います。これからは，どの学年を担任しようと，〈漢字マッキーノ〉をやっていきたいと思っています。以前，「仮説実験授業とマッキーノとは，車の両輪のようなものである」なんてことを言ったことがあるのですが，そう言いつつもマッキーノを信頼しきっていなかった自分を，少々はずかしくも思います。でも，心を入れ替えた今なら，「仮説実験授業とマッキーノとは，車の両輪のようなものである」とはっきり言うことができます。仮説実験授業で自分の素晴らしさを見つけ，マッキーノで自分の素晴らしさを確かめる，そういう毎日が一般的に日常化したら，どんなにか素敵なことでしょうね！　〔1998年７月〕

○おまけ，その１

高学年の場合，漢字ドリルを活用するので，子どもに渡す用紙はＢ６でワクだけを印刷したものです（159ぺ参照）。でも，低学年の場合には，１回ごとに次ページのような「漢字マッキーノ用紙」をＢ５かＡ５に印刷したものを使っています。このあたり，〈多少ていねいに〉というのが低学年に対する配慮と言ってもいいかもしれません。

○おまけ，その２

2000年夏，恒例の「大道芸で仮説・実験祭り」が名古屋で行われました。その際，牧野さんが「マッキーノの歌なんてあるといいねぇ。音楽がある教室は，雰囲気が柔らかくなるよ。高橋さん，なんとかならないかなぁ」と言ってくれたのを受け，「わかりました。今から作りましょう」と，半ば冗談で取りかかりました。そうしたら，あれよあれよと言う間にできあがってしまったのです。それが「YA！YA！YA！マッキーノがやってきた」という曲です。これが好評だったので，翌年は「夢見るマッキーノ」というバラード調の曲を作りました。これをかけながら行うマッキーノ，ますますアヤシイ感じもしますが，よろしかったらお試しください。テープは牧野英一さんが取り扱っています。（165ペ参照）

＊「マッキーノの歌」は1000円（送料別）。ご希望の方は，牧野英一（Tel.052-911-2115，mackino-reiko@cotton.ocn.ne.jp）まで。

漢字マッキーノ〔簡略版〕，ぼくのすすめ方

①教師は，14個の項目（漢字，熟語）を用意し，それをもとに「漢字マッキーノ用紙」を作り，印刷する（枚数は人数分×５＋α）。用紙には，３×３＝９マスのワクと，14個の漢字や熟語が書かれている(この部分は手本になるので教科書体で印刷するとよい)。用紙サイズはＡ５が妥当。

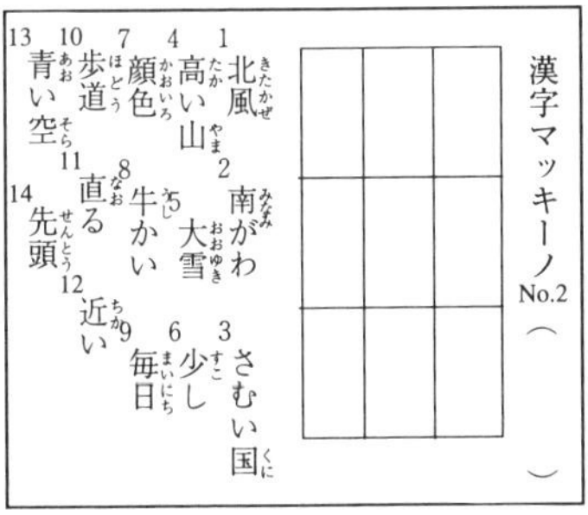

②教師は，子どもに用紙を配る。子どもは，手本を見て，14個の漢字の中から９個を選んでマス目に書き写していく。この時，「マッキーノの歌のテープ」をかけると，書く時間の目安になる(165ペ参照)。また，「手本をよく見て，ていねいに」「書いた字をチェックをしておくと（同じ漢字を２度書いてしまうなどの）誤りが防げる」といったことをアドバイスしておく。書くのが極端に遅かったり，まちがいが多かったりする子どもは，教師が手を持って一緒に書くとよい。

③全員が９マス書き終わったことを確認してから，教師は，よくシャッフルしたフラッシュカード（A５ほどの厚紙に１～14の数字を１つずつ書いたもの）を１枚ずつ引く。手本のリストを見て，その番号の漢字を読み上げる。

④子どもは，読み上げられた漢字がマスに書いてあったらチェックする（赤鉛筆で線を引いたり，〇をつけたりする)。

⑤子どもは，縦・横・斜めのいずれかの方向に一列（３マス）そろったら，「マッキーノ！」と大きな声で宣言して手を挙げる。一番早く上がった子が「早上がり賞」になる。

⑥教師は，黒板に早上がり賞の子の名前を大きく書く。

⑦教師は，その後もフラッシュカードを１枚ずつ引いていく。その際，早上がり以外の「マッキーノ」コールは聞き流す。

⑧教師がフラッシュカードを９枚引いて読み上げた時点でゲーム終了。子どもは何列上がったかを数える。

⑨教師は，何列上がったかをたずねる。その際，パーフェクトの８列から０列までカウントダウンしていくと盛り上がる。一番多く上がった子が「最多列賞」になる。また，１列も上がらなかった子が「０列賞」になる。

⑩教師は，黒板に〈最多列賞〉と〈０列賞〉の子の名前を大きく書く。何回か分の総合成績を出す時には，記録しておく。

⑪教師は，「本日の結果発表」として，賞を取った子どもの名前を読み上げ，みんなで拍手する。これが表彰及び賞品になる。

⑫教師は用紙を回収し，子どもが書いた字をチェックする。まちがって書いてあるものには赤ペンで直しを入れてから返却する。

⑬このような手順を，毎日一回，５日間繰り返し行い，５日目のマッキーノの後にテストを行う。合格ラインは８割。

⑭不合格の子どもには，再度練習をしてもらったり，追試を受けてもらったりする。

改めてマッキーノ

（初出No.262，03・1）

神奈川・長澤弘明

『たのしい授業』2002年11月号高橋俊文「心を入れ替えて漢字マッキーノ」は役立ちました（本書144ペに再録）。

今まで「ビンゴ」としてやってきたのを，これを機に「漢字マッキーノ」と印刷したプリントをわたしたら，新鮮さも加わり，子どもたちは字も今まで以上にていねいに書いていました。

また，今までは読みあげられた漢字が９マスの中になかった時は，その漢字を欄外に書かせていましたが（あっちこっちに書いていた），今回からその漢字を書くコーナー（５文字分）を作りました。

マッキーノ用紙（9マス）

（初出No.285，04・9）

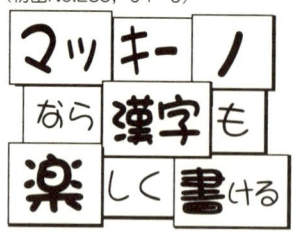

マッキーノなら漢字も楽しく書ける

山田名積《なつみ》　香川・白峰中学校

●漢字マッキーノをやったワケ

私は去年（2001年当時）一宮中学校１年生の担任をすることになりました。技術・家庭科の教師なので，当初私は，「あっという間のゼリー」（島百合子『おやつだホイ！』仮説社）やドライアイスのアイスクリーム（『ものづくりハンドブック５』仮説社）などを作って楽しむことはありましたが，マッキーノをすることはないだろうと思っていました。しかし，国語の先生から，私のクラスの漢字テストの成績が悪いという話を聞き，〈漢字マッキーノ〉を活用できないだろうかと考えました。

＊〈マッキーノ〉は，ビンゴの要領で，漢字や単語を楽しく覚えるという，一種のドリル。詳細は本書102，106，144，171ぺか『教室の定番ゲーム』１～２巻（仮説社）を参照。

その国語の先生は私のクラスの副担任でもあり，国語の時間のたびに，漢字を10個ずつ出題範囲にして，うち７個をテストに出すというやり方で，漢字テストを実施していました。でも，私の担任するクラスには，再テストしても７点満点中０点～３点しかとれない人が，「いつも７～８人はいる」というのです。テストの点数が４点以下の人のために，その先生が放課後根気よく再テストをしてくれたお陰で，次第に５個以上正解する人が増えてきてはいたのですが，それでも，自分の名前もひらがなで書いているタクヤ君（仮名）はいつも０点でしたし，ツヨシ君（仮名）も「１～２点が限界だ」と言って，それ以上やる気を出してくれない状態でした。

●復習がわりにマッキーノを

国語の先生の話を聞いて，私は中間試験や期末試験などの定期試験の前に，今までの漢字テストの復習として漢字マッキーノをやってみることにしました。百字ほどの漢字（漢字マッキーノ４回分くらい）を，それぞれＡ５くらいの画用紙にマジックで書いて，黒板に貼り付けます。生徒たちにはその内25個の漢字を選んで，縦横５マスずつ，合計25個のマスが並んでいる手持ちの紙に書いてもらいます。黒板に貼ってある漢字を見てもいいので，タクヤ君もツヨシ君も「どれにしようかな～」と言いながら楽しんで書いています。

次に，黒板に貼った画用紙をはがして箱に入れ，よく混ぜて，見ないで一枚ずつ取り出してもう一度黒板に貼っていきます。生徒たちはその字を大きな声で読み，手持ちの用紙にその漢字があれば，赤ペンで囲んだり斜線を入れて消していきます。縦，横，斜めのどこかで一列揃った時は「ビンゴ！」と叫びます。あと漢字１つで一列揃う時は「リーチ！」と言って，事前に先生にアピールしておきます。「リーチ」の声が早くかかると，他の生徒たちから「お～っ」とか「ええ～っ」といった反応が返ってきますが，早くリーチしたからといって，必ずしも早くビンゴになるわけではないので，他の生徒たちも「挽回してやるぞ～」「あの字出てくれ～」などと叫びながら盛り上がっています。

●漢字も楽しみながら覚えられる

25～30個くらいの漢字を黒板に貼ったところで終わりにします。

最速ビンゴ賞（一番早くビンゴになった人），最多リーチ賞（リーチが最も多かった人），リーチ０で賞（一度もリーチにならなかった人）は毎回記録しておきます。続けるうちに，よくビンゴになる人，よくリーチ０になる人など特徴が出てくるので，よく賞を取る人には賞状を出すと良いでしょう。私は出さなかったので，「出しておけば良かったな」と反省しています。

漢字マッキーノなら，楽しみながら漢字を書くことができるので，自然に漢字を覚えることができるようです。国語の再々テストでは楽に合格できていますし，中間，期末テストでも効果的です。タクヤ君は「マッキーノだと漢字がよく書けるようになって嬉しい」，ツヨシ君も「マッキーノだとやる気が出る」と言っています。

高校書道で「部首マッキーノ」

（初出No.261，02・12）

中島朋子　大阪・摂津高校

高校書道でもたのしい授業を

私は現在，高校で書道を教えています。数年前から『たのしい授業』を購読し，元気とやる気をもらっています。私も仮説実験授業がしてみたいと思いつつも，書道という教科では無理なこと。でも何かしら，『たのしい授業』に紹介されていることをやってみたいと，キミ子方式で色づくりをし，ねこじゃらし，赤マンマなども描いてみたりしました。そして生徒たちから，「書道でこんなことするなんて」と，驚きと喜びの声をもらい，幸せにひたったのでした。

部首マッキーノにも挑戦

さて，３年生の選択授業の中に「実用書道」という科目があって，そこでは文部科学省認定のペン字検定（２級・３級）合格を目指して勉強します。検定の中に部首を答える問題があるので，部首を覚えるために，マッキーノをやってみました。

「マッキーノ」というのは，ビンゴゲームの要領でゲームをしているつもりが，実はドリルになっているというもの。まず，ビンゴ用紙を配って，子どもたちにマスの中に，22個の中から任意に16個の漢字などを書き込ませます。そして教師が前もって用意しておいたその22個の漢字のカードを１枚ずつ引いて発表します。子どもはその漢字が自分のマスに書いてあったらそれをチェックしていきます。タテ，ヨコ，ナナメのどれか１列のすべてにチェックが入ったらあがり，というゲームです（本書102，106，144，171ぺ参照）。

さて，「部首マッキーノ」の場合は，出題されそうな部首120個の中から22個をプリント上半分に書いておきます（次ぺ参照）。

まずはその部首名を部首の横の

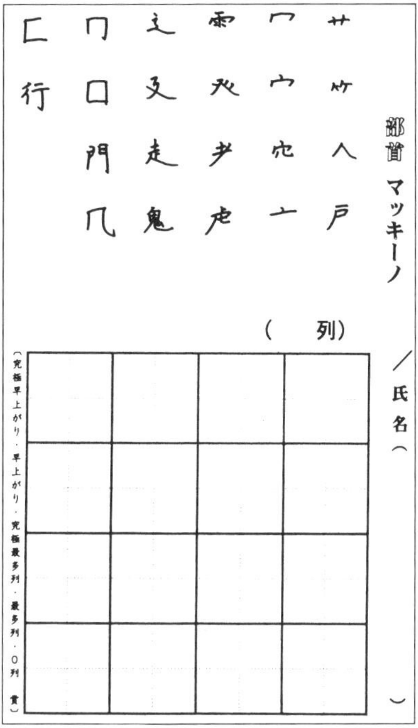

余白に書いてもらいます。忘れて書けなかった人のために，私が一度，部首名を読み上げます。

次に，プリント下部の16マスの中に，上の22個の中からすきな部首を選んで書いてもらいます。

そして，私が22枚の部首カードを1枚ずつ引き，その部首名を言って，一呼吸おいてから板書します。そうすることによって，部首と部首名とを，自分の頭の中でつなげることをねらいました。16枚カードを引いたところでおしまいです。

最後に，「究極早上がり賞」（カードを4枚引いたところであがった人），「早上がり賞」「究極最多列賞」（全部のマスにチェックがついた人）「最多列賞」「0列賞」などの賞をとった人には賞状をあげています。

この授業は週1回2時間連続授業なので，検定までに数回しか授業がなく，計4回しかマッキーノをすることができませんでした。毎回出題する部首が違うし，本来のマッキーノの威力を発揮させられなかったのは生徒に対しても，マッキーノ開発者の牧野英一先生に対しても申し訳なく思っています。

しかし，そんな中途半端なマッキーノでも，かなりの生徒は楽しんでくれて，特に少しやんちゃな男の子たちは，はじめてマッキーノをやった次の授業のときには，「マッキーノって，今日もやるん？」と，教室に入ってくるなり聞いてくれたのです。

子どもたちの感想と評価

●楽しさ度

⑤	④	③	②
10人	10人	11人	2

（①０人）

●定着度（覚えられたか）

よく覚えられた	23人
どちらともいえない	10人
あまり覚えられなかった	０人

●マッキーノのよいところ

「遊びながら（楽しみながら）覚えられる」「面白い」「ゲーム感覚でいい」「授業という重苦しいフンイキが軽くなって授業にきやすい」「もっと幼い頃からやれば一生身につくものになると思う」

●マッキーノのよくないところ

「最終的には，自分で覚えようとするか，何回もやるかしないとだめだと思う」「〈マッキーノ〉と言うのがはずかしい」「何回もやるとあきてくる」「子供っぽい」

●その他

「マッキーノにありがとうっていいたいです」「もっとやりたい」

＊

確かに高校生には少し子供っぽいと思われるのは否めないですし，回数が少なく，確実に身につくまでできなかったのも事実です。それでもこのマッキーノの威力には驚いています。

（初出No.259，02・11）

マッキーノの歌はとってもイイ！

千葉・松戸市六実小学校
近藤浩一

マッキーノ(102ぺ参照)を１学期の最初からやっています。５月に，子どもたちにその評価を５段階で答えてもらったところ，５と４が多い上に，５が４の２倍と，大好評でした。

♪試してみましたマッキーノの歌

そこで，以前から気になっていた，愛知の高橋俊文さん作詞・作曲のマッキーノの歌，「YA！YA！YA！マッキーノがやってきた」と「夢みるマッキーノ」の２曲のテープをマッキーノの際に流してみることにしました（これをかけながらマッキーノを行う。本書157～158ぺ)。

実は，このテープ，初めは使う気になれませんでした。「ナニ，コノ歌」とか子どもたちに言われそうな気がしてこわかったのです。

しかし，実際やってみると，子どもたちは歌を歌いながらやるなど，わりと楽しんでいました。それに，マス目をうめる作業の時のタイマー代わりにしたら，子どもたちの集中力が増したのです。

♪歌のベストテンにランキング？

愛知の牧野英一さん考案の「ひたすら歌うキャンプファイヤー」（子どもたちに，自分が好きな歌を投票してもらい，集計してベストテンを決める。それをキャンプファイヤーで歌う。『たのしい授業』1991年６月号No.104，84～86ぺ）というのがあります。

これを５年生で行ったところ，わがクラスで，「YA！YA！YA！……」と「夢みる……」がベストテンの９位と10位に入りました。さらに学年全体では17位，18位。これにはすごく驚きで，子どもたちに好評なのが，あらためてわかりました。

今ではこの歌をかけないでマッキーノをやろうとすると，「先生，今日はマッキーノの歌ないの」とリクエストされます。

＊テープのお求めは，本書157ぺを参照してください。

誕生日はマッキーノとスライムで

●誕生日会も『たの授』ネタで

（初出No.265，03・4）

入江田みどり　兵庫・三木市自由が丘東小学校

誕生日会の定番

「お母さん，9月8日に誕生日会してな～」

「ええっ！　6年生になってもまだ誕生日会するの？」

「そやけど，みんなマッキーノしたいって言うねん。ヒカルちゃんところでしたスライムがもう1回したいっていうから」

そんなに『たの授』ネタを楽しみにされたのでは，むげに断ることもできず，OKを出すと，娘はマッキーノとスライムを入れたプログラムを作りはじめました。

我が家の娘ヒカル（仮名）はもうすぐ12歳の誕生日です。そういえば，4年生の時は，誕生日会に漢字ドリルを持ってきてもらって，漢字マッキーノをしたのでした。今回は県名マッキーノでいきましょか。国旗マッキーノでもいいな。プリントはいっぱいあるから，今回はえんぴつを持ってきてもらうだけでいいな。いそいそと準備。スライムは誕生日会の定番。学校用と家庭用といつでもできるようにセットしてあるので，OK。サービスにふくらむスライムもいいな。

＊〈マッキーノ〉については，本書102，106，144，171ぺか『教室の定番ゲーム』1，2巻（仮説社）を参照。〈ふくらむスライム〉は仮説社取扱（4本セット1680円，詳細は232ぺ）。

当日，県名マッキーノは西日本版（後記）でスタート。参加者は7人なので，マッキーノになった人から賞品をもらいました（ここはビンゴといっしょ）。

次のプログラムは，おやつタイム。ケーキを食べたり，ポテトチップスをつまんだり，おしゃべりしています。

いよいよスライムタイム。スライムなんて学校でも児童館でもやっていて，初めてじゃないだろうに，6年生の女の子たちが歓声をあげて楽しんでいます。へ～，6年生でも楽しいんだな。クラスの子どもたちにもサービスしなきゃ，ピコピコカプセルでもやりましょうかと思った休日でした。

誕生日会の人気メニュー

その他の「誕生日会の人気メニュー」を紹介します（以下，『ものハン～』は『ものづくりハンドブック』仮説社，のこと），

・ホットプレートでのポップコーン（『ものハン５』）
・べっこうあめ（『ものハン１』）
・プラカップのプラバン（『ものハン４』）

来た人から待っている間にプラカップにマジックで絵をかいておいてもらう。そのカップをその日１日のマイカップにして，ジュースの乾杯などに使う。誕生日会の終わりの方にプラバンにして，お返しプレゼントとして持って帰ってもらう。

・ドライアイスで遊ぼう（『ものハン３』）
・あっという間のゼリー作り（『ものハン３』）
・浮沈子（『ものハン１』）

寒い頃が誕生日なら，

・ポッカイロ（『ものハン４』）
・いちご大福（『ものハン６』）

なんかも楽しいよ。

教室では大人数だけど，家では少人数で手軽にできるのがいいですね。コンロも冷蔵庫も近くにあるしね。

県名マッキーノについて

県名マッキーノは『教室の定番ゲーム』（仮説社）を参考にしましたが,改良した点を紹介します。

『教室の定番ゲーム』では，47都道府県より25（５×５）を選んで書いていますが，わたしは47都道府県を大きく東日本（１～23）と西日本（24～47）に分けて，

「今日は西日本」「今日は東日本」と決めてやっています。「東日本」をやる場合，23ありますので，「北海道」を書かないことにして，22から16こ選ぶようにしています。「西日本」をやる場合も「兵庫」と「沖縄」は書かないことにしています。みなさんも，みなさんの地域に応じて工夫してみられてはどうですか（この工夫は，サークルの浜野純一さんに教えてもらいました)。〔2002.9.9〕

県名マッキーノ　　　　名前（　　　　　　　　　）

東日本		西日本	
	1 北海道	近畿地方	24 三重
東北地方	2 青森		25 滋賀
	3 岩手		26 京都
	4 宮城		27 大阪
	5 秋田		28 兵庫
	6 山形		29 奈良
	7 福島		30 和歌山
関東地方	8 茨城	中国地方	31 鳥取
	9 栃木		32 島根
	10 群馬		33 岡山
	11 埼玉		34 広島
	12 千葉		35 山口
	13 東京	四国地方	36 徳島
	14 神奈川		37 香川
中部地方	15 新潟		38 愛媛
	16 富山		39 高知
	17 石川	九州地方	40 福岡
	18 福井		41 佐賀
	19 山梨		42 長崎
	20 長野		43 熊本
	21 岐阜		44 大分
	22 静岡		45 宮崎
	23 愛知		46 鹿児島
			47 沖縄

賞 本

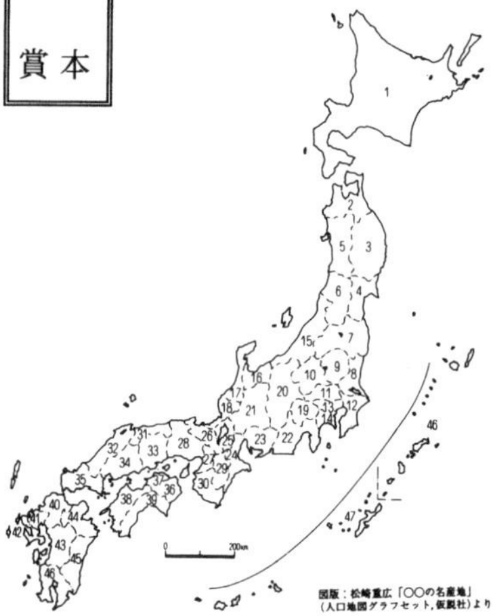

図版：松崎重広「○○の名産地」（人口地図グラフセット，仮説社）より

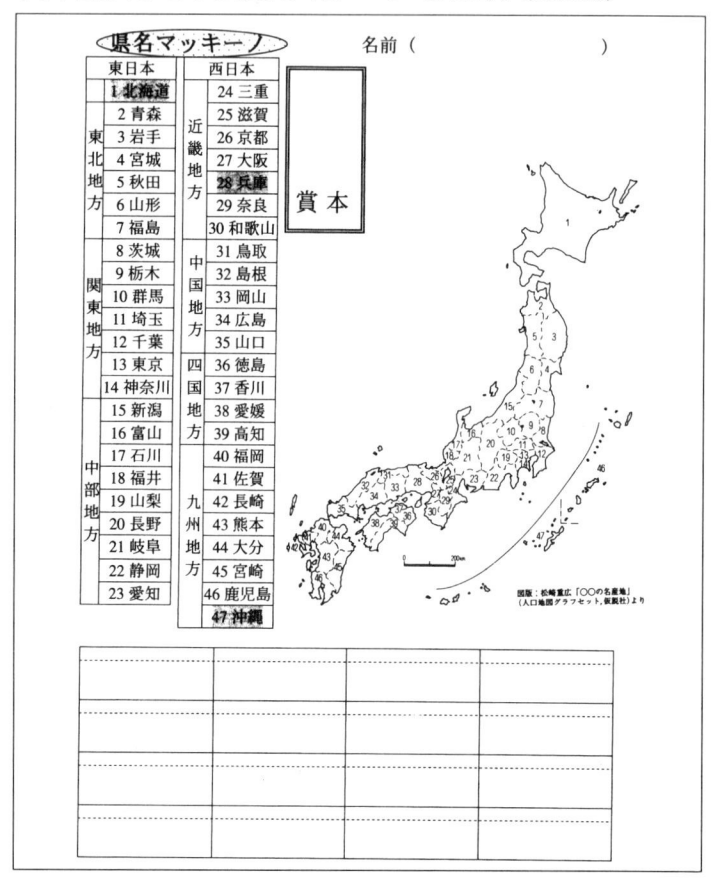

クラスメート人名マッキーノ

（初出No.289，04・12）

尾坂紀生　鳥取・青谷高校（当時，鳥取東高校）

淡々と楽しんでる？

高校生相手に授業の始めにマッキーノをやっています。「現代文」の授業では「漢字マッキーノ」「外来語マッキーノ（私のオリジナル）」をやり，古典の授業では「古語・漢文マッキーノ」（これもオリジナル）をやっています。進学校で，しかも高校生が相手ですので，盛り上がりはほとんどありませんが，みんな静かに淡々と楽しんでくれているのが表情でよく分かります。たまに「マッキーノ！」と思わず叫んでしまう生徒もいますが，ちょっと恥ずかしそうなのがほほえましいです。

＊「マッキーノ」は，ビンゴゲームを使った一種のドリル。くわしくは，本書102，106，144，171ぺか『教室の定番ゲーム』1～2巻(仮説社）を参照してください。

夜はマッキーノ大会

さて，昨年の冬のことです。1年生の学年行事として3日間，宿泊を伴う「スキー実習」が行われました。日中はスキー三昧ですが，夜はヒマです。各クラスごとに部屋に集まってレクリエーションをしました。

私が出ているクラスのうち，1組と9組では「マッキーノ大会」をやったそうです。1組は数字によるマッキーノで，ビンゴゲームとあまり変わらない内容だったようです。もちろん「早上がり賞」「ゼロ列賞」「最多賞」の各賞があって，賞品付きでやったそうです。「もちろん盛り上がった」とのこと。

クラスメートの名前で

9組では，「クラスメート人名

マッキーノ」をやったそうです。

マッキーノ！

~~田中~~	~~赤星~~	~~関本~~	~~安藤~~	~~落合~~
鈴木	今岡	片岡	吉野	土肥
山本	金本	八木	福原	水上
中田	岡田	立川	久保	弘田
稲本	藤本	井川	前川	高沢

普段はマス目には漢字を書き入れるのですが，そのかわりにクラスメートの名前を書き入れるわけです。また，すぐにあがるとおもしろくないということで，５×５マスで，「２マッキーノ完成で上がり」という特別ルールが採用されました。先生役の生徒はクラスメート一人ひとりの名前を書いたフラッシュカードを事前に準備していたそうです。

カードをめくって一人ずつ名前が呼ばれると，そのたびに歓声が上がります。リーチ近くになると，多くの生徒が上がりになるマスに書いてあるクラスメートの名前を「○○ちゃん，○○ちゃん，来て～!!」と連呼して，お互いが友達の名を呼び合うという，異常な盛り上がりを見せたそうです。

マッキーノも高校生も恐るべし

初めてマッキーノを体験したそのクラスの担任は「マッキーノ恐るべし」といいながら後で私に状況報告をしてくれました。

自分の名前が呼ばれたその結果，誰かが「マッキーノ」と叫ぶ。あがった人はもちろん，「上がりマス」に名前が書かれてあった生徒も大喜びだそうです。先生役の生徒は私の物まねを上手にやったそうです。生徒に物まねされるのもうれしいものですね。

「クラスメート人名マッキーノ」はもうすでに誰かがやっているのかもしれませんが，私は知らなかったことなので，私が教えたわけではありません。わが校の高校生のアイデアです。私は脱帽すると同時に「これは使えるな」と思いました。学年末などの節目にやるといいのではないかと思いましたし，年度初めのまだお互い名前を知らないときに名簿を配った上でやれるな，とも思いました。皆さん，「クラスメート人名マッキーノ」をやってみませんか。

マッキーノの原則と限界

高橋俊文　愛知・名古屋市伝馬小学校

●マッキーノとは

あなたは「マッキーノ」という言葉を聞いたことがありますか？その名称とやり方は，この20年間にかなり普及しているように思うのですが，まずは「何も知らない」という方のために，その概略を紹介しておくことにします。その後で「原則と限界」の話にすすむことにしますので，すでに「よく知っている」という方は，この項は174ぺまでとばしてくださってけっこうです。

マッキーノというのは1987年に名古屋の牧野英一さんが考え出した，楽しく暗記をするためのドリル方法で，はじめのうちは「教科書用ビンゴ」とよばれていました。つまり，「教科書に出てくる事項を，苦痛なしに，効率的におぼえてもらう方法」(教科書料理法)として考案されたのです。しかし，その方法がさまざまな面でとても有効であることがわかってきて，それで1992年から，

「マッキーノ」とよばれるようになりました。マッキーノは，もともと「たくさんのことを暗記させる」ということよりも，「教科書による授業の苦痛を軽減する」「ゆとりの時間を生む」といったことに重点がおかれていました。そのことを知るためには，「マッキーノのやり方」を見た方が早いでしょう。形式的にはビンゴゲームと似ていますが，様々な点でビンゴとは異なっています。

○用意するもの

・用紙（マッキーノ用紙）

サイズは様々だが，普通の紙に縦４マス×横４マス，計16マスの枠を印刷したもの。これは標準サイズで，漢字マッキーノなどの場合は縦３マス×横３マス，計９マスの枠を使うこともある。

・リスト

暗記すべき内容（教科書に出てくる重要語句，漢字，歴史人名など）を一覧表にしたもの。普通，16マスの枠を使うときには22の項目，９マスの枠を使うときには13か14の項目が書かれている。

・フラッシュカード

リストに挙げられた項目１つずつを，厚紙などに書いたもの。形式は様々。

○ゲームのやり方

1.子どもたちにマッキーノ用紙とリストを配る。

2.子どもたちはマッキーノ用紙にリストの中の項目を書き写す。同じ言葉を２回書かないよう注意する。このとき，教師も黒板に用紙と同じ枠を書いて，マス目にリストの項目を記入すると子どもたちと一緒にマッキーノに参加できる。

3.全員が16マス書き終わったら，教師はフラッシュカードを1枚ずつ引いて，子どもたちによくみえるように提示していく。

4.自分が書いたリストの中に提示された項目があったら，チェックして消していく。そして，縦，横，斜めのいずれか1列の項目がそろったら（いわゆる「ビンゴ」になったら），「マッキーノ！」と宣言して手をあげる。1番最初に上がった人が「早上がり賞」になる。

5.一人が上がったら，次からは上がりが出ても淡々と聞き流し，次々とフラッシュカードを引いていく。16マスの枠を使う場合は16枚。9マスの枠を使う場合9枚引いてゲームを終了する。

6.終了した段階で，合計何列できたかを数える。パーフェクトは，16枚のときは10列になるので「10列できた人？　8列できた人？……」とカウントダウン式にたずねていく（9枚のときは8列がパーフェクトになる)。一番たくさんの列ができた人が「最多列賞」になる。また，1列もできなかった。人は「0列賞」になる。

7.これらの賞は，黒板に名前を書いて表彰し，全て出そろったところでもう一度名前を読み上げて，みんなで拍手して終了する。

(「マッキーノのやり方」については，本書102ぺ，107ぺ，157ぺ『教室の定番ゲーム』1～2巻（仮説社）にも載っています。ご覧ください)

●ぼくとマッキーノ

ぼくは1989年に仮説実験授業研究会に入会し，同時に名古屋仮説実験授業研究会（名古屋サークル）に参加するようになりました。そのころ，牧野さんがサークルに出していた資料はマッキーノ関係のものばかりで（当時はまだ「マッキーノ」とは言っていませんでしたが），ぼくはサークルに参加すると同時にマッキーノにも感化されていきました。

しかし，当時マッキーノは「中学校の理科の教科書に出てくる用語を暗記するための方法」という色彩が強く，他の内容は，牧野さんがその可能性を指摘しつつも，わずかに英単語の「ビンゴ」があるだけで，ほとんど行われていませんでした。

ぼく自身，自分のクラスでどんなことができるかなんてことは考えないまま，3年が過ぎていきました。そして1992年，学校で「漢字を正しく読み・書きできるようになる」ということをテーマにした研究授業を行うこととなり，そこで初めて「マッキーノで漢字の学習を行う」ということを試みてみたのです。

それ以後，都道府県，歴史人名，地図記号，名古屋市の区の名前，部首……といったマッキーノを次々に行ってきました。中でも，漢字マッキーノはどの学年を担任したときにも行い，仮説実験授業と共にぼくの中での重要な実践テーマになっているのです。そこまでマッキーノをやり続けてきたというのは，身近なところに提唱者の牧野さんがいたからというだけではなく，やはりマッキーノ自体が優れていると思ったからでした。

●ドリルなのに（だから）子どもが喜ぶ

マッキーノとは，そもそもはドリルの一つの方法でした。牧野さんの出発点は明らかにそうです。しかし，今やマッキーノを実践している人たちの多くは，「マッキーノと，計算ドリルや漢字ドリルを使ったり百マス計算を行ったりする，他の多くの〈ドリル学習〉とは，似て非なるものである」と感じているはずです。

まず，最大のちがいは「子どもが喜ぶ（歓迎する）かどうか」ということです。これは，何回か実際にマッキーノをやってみるとすぐにわかります。ぼくのクラス（今年は小学３年生）では，４月から日常的に漢字マッキーノを行い，加えて１学期は社会科で地図記号マッキーノなどの単発モノを実施しましたが，子どもたちのマッキーノ歓迎度は実にたいしたものです。

同じ漢字の勉強でも，「今日は漢字ドリルで勉強します」と言うとブーイングが起こるのですが，「漢字マッキーノをやります」と言うと歓声があがるのです。それも毎日のようにです。しかも「今日は時間がないからマッキーノはお休みします」と言うと，今度はブーイングなのです。やると言って歓迎され，やらないからと言って反発されるなんて，他のドリルでは考えられません。

このことを，池上隆治さん（名古屋サークル）は，「マッキーノこそが子ども中心主義のドリルだからなんだろうね」と言ってらっしゃいましたが，まさにそういう感じです。〈子ども中心主義〉という背景があるかどうか，ただ単に習熟できたり暗記できたりすればよいのかどうかということが，子どもたちの歓迎度のちがいとなって表れてくるのではないでしょうか。

次にちがうのは，「他の多くのドリルは一人で黙々と行うこともできるが，マッキーノはクラス（あるいはその集団）のみんなと一緒でなければ行うことはできない」ということです。「早上がり賞」も「最多列賞」も，相対的な賞ですから，集団があって初めて成り立つものです（ただ，「０列賞」は絶対的な賞ですから一人でやっていてもあり得ます）。でも，これもそういった形式的な面だけでなくて，本質的なところでのちがいを表していると思うのです。

他の多くのドリル学習は，自分が習熟したり暗記したりするために行うものですから，そこには他人の存在は関係ありません。しかし，マッキーノは，各自が書いている段階では習熟・暗記が目的ですが，それで終わりではありません。むしろ，子どもたちにとっては〈書き終わってから〉が重要なのです。極端な話，暗記なんて，どうでもいいことなのかもしれません。実際，習熟・暗記と賞とはまったく無関係だからです。そして，ゲームを楽しむためには相手や仲間が必要なのです。だからこそ，マッキーノは「授業」として成り立ちうるのです。それに対し，他の多くのドリルは授業時間内に行っていても「学習」になるのです。

また，マッキーノが「学習」でなく「授業」であり，他者の存在が必要不可欠である以上，そこには必然的に他者による評価というものが生じます。他の多くのドリルの場合，評価をするのはたいていは教師ですが，マッキーノでは好むと好まざるとに関わらず，賞という形の客観的な評価が，公開の場で行われます。そして，それは「あの子いいなぁ」「あいつ，すごいなぁ」という，他者への好意的な評価となり，めぐりめぐって自分もそのように評価されているということに気づいたとき，「おれってスゴイのかも」「わたしもまんざらじゃない」といった自信につながっていくのではないでしょうか。

このことを，以前担任した４年生の女の子が「みんなが楽しみながらできるので，とてもいい勉強方法だと思います」と書いてくれたことがありました。自分が楽しむためには仲間が必要であり，その仲間と共にカシコクなっていくことを喜びとするなんて，他のドリルをしていたのでは，まず持ち得ない感覚ではないかと思います。ぼくも初めはこの感想を書いてくれた子の感覚が素晴らしいのだと単純に思い，個人の資質の問題と考えていたのですが，どうもそればかりではないようです。なぜなら，この後いろんなクラスでも同じような感想に何度も出会うことがあったからです。やっぱりこのあたりは，マッキーノが他の多くの〈ドリル〉といわれるものと大きく違う点だと思わずにはいられません。

●授業の中心的内容とは何か

次に，授業の中心的内容とマッキーノの関係について考えてみましょう。

授業場面には〈話し合う活動〉とか〈読み取って考える活動〉とか〈知る〉〈気づく〉なんていう活動があります。そんな中で，覚える（暗記する）とか習熟するという活動が主になるということは案外少ないのではないかと思います。漢字の学習にしても，その書き方とか読み方の説明は授業の中で行っても，後の練習は宿題として子どもに任されてしまうなんてことが多いのではないでしょうか。

しかし，漢字にしろ計算にしろ，習熟というのは人間にとってとても役立つことがあります。だから，暗記や習熟だけの時間というものがあっても全くおかしくはありません。ただし，〈暗記や習熟そのものを目的とした授業〉というのは考えられません。なぜなら，暗記や習熟といったものは必ず，「この漢字」とか「この年号」といった具体的な内容がなければ成り立たないからです。そして，その内容が，子どもにとって学ぶに値するもの，教師にとって教えるに値するものがあってこそ，〈たのしい子ども中心主義のドリル〉と言えるものになるからです。

それなら，「学ぶに値するもの」「教えるに値するもの」とはいったいどういうものなのでしょうか。「仮説実験授業の授業書になっているような概念・法則」はそれにあたるでしょう。それ以外にもたくさんあるでしょう。それを明らかにしていくことは大きな教育的課題でもあり，これからも多くの人の手によって研究されていかなければならないことです。

しかし，ひどくアバウトに，強引にまとめてしまうならば，「学んで楽しいと思えるもの」「生活の中で役に立つもの」「未知の世界を見通すことができるもの」といったような条件が考えられると思います。このような内容があってこそ，初めてマッキーノは「子ども中心主義のドリル」に成り得るのではないでしょうか。

●やればいいってもんじゃない

実はマッキーノに関して，ぼくは過去に大きなまちがいを犯したことがあります。それは，サークルでは話したことがありますが，文章にまとめたことはありませんでした。やっぱり自分のまちがいは恥ずかしいのです。でも，もう十年ほど前のことですし，マッキーノを考えるうえで重要な手がかりになると思うので紹介することにします。

小学3年生を担任していたときのことです。3年生は，社会科で名古屋市のことをいろいろ学習するのですが，施設や公園などの場所や位置関係がみんなあまり理解できなかったのをきっかけに「名古屋市の区の名前マッキーノ」というのをやってみました。これは今年のクラスでも実施したのですが，非常に人気も高く，区の名前とその位置を地図の上で把握することができ，大いに成果が挙がったマッキーノでした。

そしてその勢いから，次に「愛知県の市町村名マッキーノ」なるものを始めてしまったのです。現在は合併が進んでかなり整理されてきていますが，それでも，市町村といったら結構あります。しかもこの当時は合併前ですから，地図上ではかなり小さくて形もよくわからないような市町村もたくさんあります。それらを，「マッキーノで覚える」という暴挙を行ってしまったのです。子どもたちからはあからさまなブーイングこそなかったものの，それまでのマッキーノとはどこかちがう雰囲気に，さすがのぼくも「おかしいな」とは思いました。案の定，その後のテストの出来も区の名前のときに比べてガクンと下がってしまいました。

でも，そのときはどうしていいかよくわからず，「それでは，パート2，愛知県西部の市町村名をやります」なんて感じで続けてしまったのです。結果はひどいものでした。さすがに，「これで子どもたちとの信頼関係が壊れた」なんてことはありませんでしたが，申し訳ないことをしたなぁと反省しています。

では，なぜ子どもたちは「愛知県の市町村名マッキーノ」を支持してくれなかったのでしょうか。理由は簡単，「そんなこと覚えてどうするの？」という気持ちになったからです。例えば，「その町にぼくのおじいちゃんがいる」などという個人的な理由で親しみを感じる町があったとしても，愛知県の各所に親戚がいるなんてことはありえないし，ある子にとって親しみのある町が他の子にとってもそうであるとは限りません。そういった，現在も関わりがないし，将来も関わりがあるとは思えないような町まで，覚えようという気持ちにはなかなかなれないものです。

つまり，このマッキーノは「学ぶに値しないもの」であるという判断を子どもたちがしたからです。マッキーノをしたからといって，何でもかんでもよく暗記できるというわけでもないのです。つまり，マッキーノは万能ではなく，限界があるのです。

●マッキーノの限界と原則

愛知県の市町村名マッキーノは，明らかに覚えても役に立たないような内容だったので子どもたちから敬遠され，消え去ることとなりました。しかし，学ぶに十分値し，暗記して役に立つような内容のものでも，マッキーノとして取り上げるのにはふさわしくないというものは確かにあります。それはいったいどんなものでしょうか。

国旗マッキーノは，かつて名古屋サークルで松野修さんが提唱され，今やマッキーノのリストとしてはスタンダードなものになっていると思います（『教室の定番ゲーム２』仮説社，参照）。しかし，国旗マッキーノでは，世界の国々の国旗全てを羅列的に取り上げているわけではありません。「人口の多い国ベスト22」とか，「日本と貿易額の大きい国ベスト22」というように，視点を決めて選んだ国をリストに挙げています。実は，ここにこそ国旗マッキーノの成功のカギがあり，マッキーノの限界があると思うのです。

マッキーノでは，数が多すぎるものはリストになりにくいのです。ですから，国旗マッキーノのようにその中から視点を決めてリストを作ることができれば，その内容はマッキーノになります。都道府県名のように，「1つのリストでは網羅しきれないテーマでも，2つか3つのリストを作ればなんとかなる」というのが，形式的な限界ではないかと思います。ぼくは，都道府県名マッキーノを，東日本編，中日本編，西日本編というように網羅的に取り上げてきましたが，「面積の広い都道府県ベスト13」とか，「人口の多い都道府県ベスト13」というように視点を絞ったリストを作れば，より意味のある習熟ができるようになるかもしれません。

同様に，漢字の部首マッキーノも網羅的にリストを作るとその数が多くなり過ぎてしまうので，「体に関係した部首」とか「へん」「かんむり」というように，なんでもかんでもというのではなく，ある視点を決めてリストを作るというのが大切なことではないかと思います。

それでは，「歴史人名マッキーノ」はどうでしょう。これも結構人気度は高いのですが，歴史人名をどこまで取り上げるか，誰を取り上げるかということが，リスト作りの際には問題になります。でも，マッキーノの原則から考えれば，実は答えは簡単です。

「マッキーノの原則」――ゲームとしてではなく，リスト作りの原則としてそれを考えてみると，2点挙げられます。それは「覚えて役に立つ」ということと「子ども中心主義」ということです。

「覚えて役に立つ」と言っても，何の役に立つのかという点ではイデオロギーもからんで，いささかデリケートな部分もありますが，まずは「試験にでるかどうか」ということで考えればよいと思います。そうすると「指導要領に載っている」とか「教科書に載っている」というのは結構決め手と考えてよいのではないかと思います。「教科書をどう料理するか」というのはマッキーノの原点とも言えることですから，これは重要なポイントと考えてよいと思います。

もう一つの「子ども中心主義」という点で考えれば，「リストをベストテン方式で子どもに選んでもらう」という方法が考えられます。自分たちで「誰を覚えたいか，誰の名前を書けるようになりたいか」ということが決められれば，子どもたちのモチベーションも高くなると思うのです。そうなると，これは予習的に扱うことはできなくなります。

マッキーノの草創期に，牧野さんは「教科書用語がわかって，初めて教科書が読めるようになるのです。それで，マッキーノは予習でやるのがよいのです」ということをいってらっしゃいました。でも，漢字マッキーノが生まれた時点で「マッキーノは予習」という原則はなくなったと言ってよいと思います。何をリストにするのかということで，予習で行うのか，復習で行うのかを柔軟に判断していけばよいでしょう。

さて，リストを子どもたちに選んでもらうというこの方法，これは先日の名古屋サークルで池上さんが出してくれたアイデアですが，まだ試したことはありません。マッキーノが子ども中心主義のドリルであるということをさらに一歩進めていくために，リスト作りの段階から子どもの意向をとり入れるというのは大切なことではないかと思います。

●「覚えらさせられる」から「楽しく覚える」へ

マッキーノが子どもたちに歓迎され，「定着率もなかなか」ということになると，困ったことがおこるかもしれません。「愛知県の市町村名マッキーノ」のように，歴史年代や人名，数字の公式，名産品，地名など，なんでもかんでもマッキーノにしてドリルさせる人が出てくるかもしれないのです。また，「マッキーノをするとどんなことでも暗記できるというならば，それは洗脳教育ではないか」ということを理由にマッキーノを敬遠する人たちもいるそうです。

しかし，実際にはいずれの心配もないと思います。なぜなら，実はマッキーノは万能ではないからです。上記の話のように，マッキーノの授業を受ける側の主体性は，教師の思惑を超えて存在します。だから，もし戦前行われていたような教育勅語の暗記をマッキーノで行ったとしても，それはたのしくはならないでしょう。楽しく覚えるためには，授業を受ける子どもたちの主体性が重要であるし，それを生かしたドリルの可能性というのは，今のところマッキーノが一番であるように思うのです。

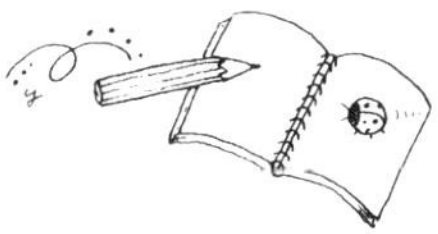

ドリルの関連記事情報・その2

月刊『たのしい授業』に掲載されたドリル関連の記事のうち，単行本に収録されているもの（本誌掲載分を除く）をご紹介します。なお，書名は以下のように略記します。　（例）記事名（筆者名）書名－掲載ページ

板倉聖宣『たのしい授業の思想』→思想／板倉聖宣『原子とつきあう本』→原子／村上道子『ことばの授業』→ことば／『ものづくりハンドブック1，3，6』→もの1，3，6／『教室の定番ゲーム1～2』→ゲーム1～2／『たのしい授業プラン算数・数学』→算数／『たのしい授業プラン国語1～3』→国語1～3／『たのしい授業プラン社会』→社会／『たのしい授業プラン歴史』→歴史／『たのしい授業プラン音楽』→音楽（いずれも，仮説社刊）

〔暗記論・ドリル論〕習熟と理解について（板倉聖宣）思想－181／たのしい授業とドリルの構造　（板倉聖宣）思想－191／暗記の授業を見直す（板倉聖宣）思想－277／ドリル論の確立を（高村紀久男）算数－310／水道方式と公文式（高村紀久男）算数－318／記憶の核になる知識（板倉聖宣）歴史－212／ドリル，私の考え方と教え方（豊田泰弘）音楽－127

〔ドリル小話〕「ドリル」のルーツ（丹羽弘宗）教科書とドリルの使い方（小石武敏）…算数－173／ドリルだってたのしい（小川　洋）…ゲーム1－99

〔原子分子〕あそびいろいろ「分子カルタ」（白橋重樹）もの6－308／「分子カルタ」ちょうたのしー（伊藤穂澄）もの6－311／新ゲーム登場モルQ（松平亨）ゲーム1－168／「モルQ」でドリルしちゃった（阿部徳昭）ゲーム1－176／〈モルQ〉にはまってま～す！（阿部徳昭）ゲーム2－127／原子記号と原子の名前のおぼえ方（板倉聖宣）…原子－83

〔国名〕面白い国名とまぎらわしい国名（板倉聖宣，長岡清）…社会－75／国名・地名さがしゲーム（小野洋一）ゲーム1－100

〔県名・地名〕都道府県名の覚え方（干台治夫）社会－152／県名ドリル（三木浩）社会－151／県名ビンゴ（星野好史）ゲーム1－102／〈日本列島どっこいしょ〉を使った県名ビンゴ（堀江晴美，斎藤裕子）ゲーム1－104／国名・地名さがしゲーム（小野洋一）ゲーム1－100／国盗りゲーム（柴田暦章）ゲーム1－111／県名ビンゴのBGMはこれで決まり！（横山裕子）ゲーム2－125

〔「ドリルの関連記事情報・その1」は100ぺ。「その3」は231ぺ〕

ドリルの基本
暗記について

暗記の授業を見直す

＊この論文は「暗記の教育」についての基本文献として，板倉聖宣『たのしい授業の思想』（仮説社，1988）277〜286ぺ（初出『たのしい授業』1987年11月号，No.57）より転載させていただきます。

板倉聖宣　板倉研究室

暗記の授業のいやらしさと楽しさ

〈暗記〉という言葉にはとかく暗いイメージが伴いがちである。〈暗記〉というとすぐに〈何か無用な知識を無理やり覚えこまされ，覚えないといろいろ脅迫される〉といったことを連想する人も少なくないだろう。そこで，いわゆる〈進歩的な教育論〉では，暗記は目の仇《かたき》とされてきた。それらの教育論では，「子どもたちに考えさせる教育こそが本来の教育である。とくに重要なことは，ことさら覚えさせなくとも自然に覚えるものだ」などと主張されてきたのである。だから，暗記の授業などというと〈楽しい授業の最大の敵だ〉と心得ている人々が少なくないことであろう。

しかし，それと同時に，暗記を〈たのしい〉と思う人々がいることも無視してはならないだろう。まず第一に，「無理やり考えさせられる授業と比べれば，覚える授業のほうがどんなに気楽か知れない」ということがある。しかし，それ以上に暗記の楽しさを感じている人も少なくないのだ。暗記ぎらいの人々にはなかなか考えられないことだが，なぜ暗記が楽しくなることがありうるのだろうか。

それはまず，暗記したことは何時かはたいてい役にたつからだ。自分たちで考えたことなど何の役にもたたなくても，昔から人々が覚えてきたことは必ずどこかで役立つことがはっきりしている。それに，そういう知識を覚えるには諳誦《あんしょう》のリズムが必要で，そのリズム感の中には歌を覚えるときのような楽しさもある。それに，そういう暗記をしているときの自分は〈いかにも勉強している〉という充実感を感ずることができるからだろう。

暗記というもの，諳誦《あんしょう》というものにもたのしい側面があるとしたら，これは私たちの『たのしい授業』の研究対象にしないわけにはいかない。私たちはここで，暗記とか覚える授業とかを取り上げるからといって「楽しい授業だけではだめで，厳しい授業をすることも忘れてはいけない」などと力説するつもりはさらさらない。

小学校の時間表に組まれていた〈諳記〉の授業

むかし，〈諳記〉という時間が小学校の時間表に組まれていたことがあった。そのころは〈暗記〉とは書かずに〈諳記〉と書いた。〈暗記〉というと文字からして暗いが，〈諳記〉の〈諳〉の字には暗いという意味はない。〈諳〉というのは〈そらんじる〉という意味で，昔は〈諳誦《あんしょう》〉という言葉がよく使われた。〈本などを見ずに読む，そら読みする〉のが諳誦《あんしょう》である。この場合は言葉を唱えて覚えるのだから，暗いどころかむしろにぎやかで明るい感じさえある。九九を覚えたり，歌や詩を覚えたりする感じである。諳記の字が暗記に変わったころから，諳記は暗いものというイメージになってしまったようだ。

さて，昔あった〈諳記〉の時間だが，東京師範学校の「小学教則」（明治６年制定，明治10年改定）には，小学校１～４年の時間表の毎日９時から10時までの１時間を「復読・諳記」の時間にとってある。小学校５～８年は同じ時間が「諳記・輪読」となっている。たとえば，小学校１年では，〈読法〉の時間に「いろは図」「五十音図」などを教えるのだが，〈復読〉の時間に「前日学びし所を復読す」とあり，〈諳記〉の時間に「前日学びし所を諳記す」という具合である。このころは諳記が堂々としていたわけである。

その時代には覚えさせることが教育であった。だから，諳記が堂々と取り上げられたわけだが，その後，理解させ考えさせる教育が重視されてくるにつれて，諳記が悪者扱いされるようになり，それとともに諳記が暗記に変わったというわけである。しかし，それは何時までたっても理解させる教育・考えさせる教育が軌道に乗らないための悪者つくりの感があったことは否定できないだろう。

しかし，私たちは仮説実験授業・キミ子方式をはじめとする楽しい授業づくりによって理解させる教育・考えさせる教育を日常化することに成功した。そういう自信をもつようになった私たちには，暗記の教育を何時までたっても悪者にしておく必要はない。いわんや，「暗記が一番たのしい」という人たちがいるなら尚更のことである。そこで，私たちは本誌で暗記の授業を正面から取り上げることにしたのである。

そこで私は「これまでの教育書の中に暗記教育の内容・方法について肯定的に書いたものがないか」と探してみたが，ほとんど見当たらないのに驚いた。暗記はこれまでいくら悪者扱いされてきたとはいっても，これまでの教育はほとんど暗記中心に成り立っていたことは事実なのだから，もっと真剣に取り組んでいてもいいはずなのに，それが見当たらないのである。そこで今回，私たちは，いくつかの具体案を提出するとともに，問題提起をするにとどめることにする。

教育学の教えることと個人的な体験と

そこで，今回も私自身の個人的体験談からはじめることを許してほしい。

それにはこんな事情もあるからだ。

私は昔から，「教育学というのは怪しげな建前論議ばかりでいっこうに役立たない」と思ってきた。「教育学者と評論家が議論すると，評論家のほうが少しはまともなことを言うのがふつうだ」とも思ってきた。私は評論家というのも好きではないので，不思議に思ったのだが，よく考えるとその謎が解けたような気がしていた。教育学を勉強していない評論家は自分の体験談だけを振り回して議論をするからである。その体験はその人個人の特殊のものでしかないから，もちろん一般的には当てはまらないことが少なくない。しかし，それが一つの体験であることに間違いはない。ところが，教育学者ときたら，誰の体験でもない建前論議を振り回すだけなのだから，たった一つの体験を元にした教育論議よりも劣ることになるというわけである。

私には,「学校の先生も,教育学の教えるところに従って行動するより,自分の体験に根ざして行動してもらったほうがいい先生になれるのではないか」と思えてならない。そういう体験は特殊だから,それを一度に一般化することは危険なこともあるとはいうものの,そういう危険を承知した上で,違う体験もありうるという考えを残しておいてくれればいいのである。そうすれば,何の根拠もないまったく怪しげな抽象論議に陥らずにすむというものだ。多くの教師がひとり一人の個人的な体験をぶつけあって,それらを何とかつじつまのあうようにまとめていったほうが確かな教育論ができると思うのだ。

覚えることを毛嫌いしてきた私の体験

私は小さいときから暗記が嫌いだった。算術の応用問題はよくできるのに,計算問題はまるでできなかった。前に言った〈進歩的な教育論〉と同じような考えをもとにして,小さいときから九九を覚えるのも馬鹿にしたので,九九もすらすら言えなかったからである(いまでも私の九九はいいかげんなもので,ほとんど使いものにならない)。「必要なことは自然に覚えてしまうからいい。わざわざ暗記などするのは馬鹿げている。そんなのは受験勉強にしか役立たない」……私もそう思っていたのである。

だから,私は英語の勉強がとくに大嫌いだった。英語はとくに記憶しようと思って記憶しないとなかなか自然には覚えられるものでないからだ。そこで私は,教室で先生がとくに繰り返し覚えさせてくれたことのほかは,いつまでたっても覚えられなかった。

だから，中学４年生のときになって〈英語の受験勉強でもしなければ〉と思ったときには驚いた。ごく基本的な単語も文法もほとんど覚えていないので，３年の教科書にもどって勉強しはじめたのだが，だめだった。そこで，中学２年の教科書にもどったが，それもだめ。やむなく１年の教科書にもどってその後半から勉強しようと思ったがやはりだめ。ついに１年の教科書の一番最初から勉強しなおすはめになったのである。

それで，私も観念して，英単語や文法を意図的に覚える勉強も始めた。すると，覚えるのが大嫌いな私のような人間でも，覚えようとすると結構覚えられるではないか。そして，その成果がけっこう後の勉強に役立つではないか。これには私も驚いた。そして，「どうして早くからこんなことに気づかなかったのだろう」と思ったものだった。それまでは，他の人たちがあまりいろんなことをよく覚えていることに感心してばかりいたのだが，「誰でも覚えようとしたらけっこう覚えられるものだ」と見直すようになったのである。

いまでも，私は覚えるのが苦手である。できるだけ覚えるのを減らそうとする。しかし，「意図的に覚えたってすぐに忘れてしまうから無駄だ」「試験のための一夜づけの暗記などまったく意味がない」とは思わなくなった。覚えていると役に立つことがあることを発見したからである。

私が，「すい・きん・ち・か・もく・ど・てん・かい・めい」という諳誦言葉をはじめて知ったのも，仮説実験授業の研究を始めて以後のことであった。そのときは，「そんなこと覚えてもしょうがないじゃないか」などと思ったのだが，何となく面白くて覚えてしまったのである。すると，驚いたことに，その知識がちょっとしたときに役立つことがあるではないか。私は我ながらあきれてしまった。そして，「暗記というものも見なおす必要があるのかも知れない」と思うようになったというわけである。

技術の基本練習の意味

私のこのような考えはかなり一貫したものであった。私は，スポーツなどでも，「試合を重ねさえすればいいのだ」と思っていた。「〈基本の練習〉などと称して面白くもない動作を繰り返すことなど馬鹿げている」などと思ったのである。「相手もなくただバットを振ったり，型を真似たりして何の意味があるのだろう」と思ったりしていたのである。

だから，私は，ワープロを買ったときも，基本練習を馬鹿にしてほとんどやろうとはしなかった。私にはワープロで打ちたいことがたくさんあった。そこで，「実際にそういう文章を打っているうちに自然にキーボードの位置も覚えるだろう」と思って，基本的な練習を馬鹿にしていたのである。実際，たくさんの原稿を作成しているうちに少しは早く打てるようになった。しかし，ワープロはいくらたくさん使っていても，なかなか自然には覚えられないのも確かなことだった。ときどきいらいらして，「よーし覚えてしまうぞ」と決意して覚えようとしたものだけがよく身についているといってよいようである。そこで，私は何か思い違いをしていたことに気づくようにもなったのである。「強い選手が単調とも思える訓練を熱心にやるのは決して無駄なことではない」ということに気づいたわけである。

考えてみると，人の名前なんかを覚えるのも同じである。私は昔から「人の名前を覚えるのが苦手だ」と自覚していた。しかし，どうしたものか，いろいろな歴史資料を読んだときに出会わした人の名は，とんでもない人の名までよく覚えているのに我ながら感心することがある。「この名前はどこかで読んだことがあるな」などと思って調べると，ちゃんと正しく覚えているので呆れるのである。おそらく私は，いつの間にか「そういう本の中に出てくる人物の名は，たとえ重要人物と思えない人の名まで何となくマークしておくと，後で役立つことがある」ということを身につけてしまったのであろう。そこで，歴史資料で読んだ人の名は知らぬ間に覚えこむ習慣を身につけてしまったに違いない。この点では，プロの勉強法とでもいうものを身につけてしまったというわけである。

暗記が好きな人もいることの発見

私の体験とはまるで違う人々の体験もある。

ある人々は小さいときから，勉強というと何でも暗記することだと心得てきたように思える。そういう人々は早くから「いろいろなことを覚えるといいことがある」という体験を積んでいるので，覚えることを嫌わなかったのだろう。むしろ，その授業で覚えるべきことをはっきりと示されないと不満を感じるようになる。そういう人々は，「いろいろな暗記ができると，いかにも勉強したようでうれしい」と感ずるわけである。

私の体験とそのような人々の体験とではどちらが望ましい教育かというと，これまでの教育論では，私の体験のような教育のほうが好ましいことになっているようだ。たしかに私は，覚えることが嫌いだったかわりに，考えること，空想することの楽しさを発見することができた。私などは「九九が苦手なものだから，いつもグラフを書いて直感的に判断する方法を工夫してきた」と思えることがあったりする。しかし，「九九やその他のことを覚えなければ，考えたり空想したりグラフを描くのが好きになる」などという保証はない。それに九九を覚えたりすることがナンセンスなことはない。明らかに，覚える楽しさも知っていたほうがいいのである。そのほうが一般的なのである。

私は，覚えることは嫌いだったかわりに，考えたり空想することは大好きになった。そこで，仮説実験授業でも，考えたり空想することを大事にして，覚えることにはあまり気にかけないできた。しかし，事柄によってはもっと覚える教育を大切にしたほうがいいと思うのである。

考えたり空想することと覚えたり訓練することとは必ずしも対立するものではない。どちらも役立つし，それなりに楽しいのだ。だから，覚えることも考えることも，訓練することも空想させることも，みな重要な教育活動なのである。私は長い間，「暗記というのは受験のようにくだらないことにしか役立たない」と思ってきたが，そうではないのである。適切な事柄を選べば，（受験以外の）少なからぬ場合に暗記が有効であることも認めなければならないのである。

それで私は，暗記の馬鹿らしさと素晴らしさ，訓練の素晴らしさと馬鹿らしさの両方を教えたいと思うのである。

暗記の素晴らしさを教えるためには，暗記してみて楽しいと思えるような場面を作ってやらなければならない。そういう場面が作れないようであれば，それはすぐに暗記の馬鹿らしさになってしまうだろう。

暗記の授業の設計への道

それでは，暗記の授業，覚える授業というものをどのようにして進めたらよいのだろうか。

それには，まず最初に，教師の私たちが「暗記はいやらしいもの」という考えを棄てて，「どんな知識をどのようにして覚えることが楽しいか」ということを研究する必要があるだろう。うんと役立つ知識を効果的に覚えられるように工夫するのである。

その点，昔の人々は歌をうんと上手に活用していた。

たとえば，船津《ふなつ》伝次平《でんじへい》（1832～98）という人は，明治初年に新政府の公募に応えて勧農方《かんのうがた》となって，全国の農民に農業技術を教える行脚《あんぎゃ》を続けた人だが，彼は自分の考えをみんな〈ちょぼくれ節〉という歌にして，人々に説いて聞かせた。たとえば，こんな調子である。

> 勧農ちょぼくれ　皆さん聞きなよ／ちょぼくれ聞くにも　お耳が第一／籠《かご》耳なんどで　抜けてはいがない／味噌こし耳では粕《かす》のみ止まって／これまたいがない　煤《すす》けた耳では／通りが悪いよ……
>
> やれやれ皆様　貧乏がいやなら／赤城《あかぎ》の麓の　我らがいうこと／能く聞きたまえよ　これまで農事の／種ものえらみや　土質の性弁《せいべん》／肥糞の効能　季節の適当／風雨の考え　田畑の手入れや／飢饉の予備法　これらの咄《はな》しを／月々しますが……

といった調子である。いかにも調子がよくて，知らずしらずに歌になってしまうような話である。

また，明治薬科大学の創設者の恩田重信（1861〜1947）は，その前身の明治薬学校の学生たちが一人でも多く政府の薬剤師試験に合格するようにと，1908年に次のような〈分析ラッパ節〉というものを作って，校長自ら学生たちに教えている。

凡そ分析するならば／塩酸加えておどませて／銀・鉛・水銀とりのけて／ここに銀属分類せ。

あとに残りし濾過《ろか》液は／H_2S(ハアツーエス)を通じつつ／少し温め濾過すべし／ここに銅属来るらん。

硫化アンモン注加して／軽く温浸するがよし／溶けて来るのはアス・スブ・スン(As, Sb, Sn)／残る黄色はカドミウム。

黒き沈殿残りなば／プブ・ビ・ク・ハーゲー(Pb, Bi, Cu, Hg)それなるぞ／強き硝酸注ぎてよ／独り水銀残るらん。

硫化水素を追い出して／硝酸加えて酸化して／塩化アンモン・アンモニア／ここに鉄属沈むなれ　〔後略，このあとまだ7節続く〕

『たのしい授業』でも，日本歴史唱歌と世界歴史唱歌の試みを紹介してある。しかし，暗記の方法には歌が一番いいと決まっているわけではない。実際，これまでにも私たちは，図や模型を作ってイメージを豊富にすることによって，いろいろな記憶を確かにさせる方法を開発してきている。本誌には，日本史略年表の書き方の工夫が採録されているが，これもそのような工夫の一つである(歴史唱歌や略年表については，「たのしい授業」編集委員会編『たのしい授業プラン歴史』参照)。

何を暗記させるのかが先決の問題

もちろん，暗記の授業を設計するには，その前に「何が記憶しているに値するか」について慎重な検討が必要になる。それぞれの専門家は専門家だけあってたくさんの知識を自然に覚えているので，暗記などを馬鹿にする傾向がある。しかし，専門家でもない私たちには，「もっとも基本的な知識でさえ意図的に覚えようとしなければなかなか覚えられるものではない」ということを考慮する必要がある。たとえば，専門家から見れば，「歴史の時代区分などわざわざ覚えさせなくても自然に覚えてしまうだろう」などと思えるが，実際にはそうではない。そこで，歴史教育のごく初期にそういう時代区分の境目のことを教えて暗記させることも計画すべきなのであろう。

ともあれ，暗記の授業を本格的に検討しようとしたことは，これまであまりなかった。受験勉強用の暗記事項はあまりに多すぎて，一般教育用には役立たないのである。そこで，構想は容易に実現できるとは思えないが，このような仕事は多くの教師の工夫を積み重ねることが容易なので，研究運動としてはむしろやさしいとも言えるのである。今後とも多くの読者の方々のアイデアをお待ちする次第である。

（初出 No.57，87・11）

覚えていてくれたこと

岡山・高校　武田芳紀

●忘れられない出来事

「暗記の授業」ということで，すぐに思い出すのは，以前いた学校でのある出来事である。

ある日，社会科の親しい同僚の先生が，次のような話をしてくれた。１年生の時に僕（武田）が教えたある生徒が，２年生になってその先生に教えてもらうようになった時に，「これまで小中学校で長い間社会科を教えてもらってきたが，覚えていることは何もない。だけど，武田先生の授業でやったことだけは覚えている」と，その先生に言ったそうなのである。そこで，「じゃあどんなことを覚えているのか」とその先生に聞くと，彼はどう答えたか――。

僕としては，１年生の時にやった仮説実験授業の授業書のことをよく覚えていて，その内容とか特に印象に残ったこととかをいきいきと話してくれたのではないか，と期待したのである。ところが，彼の答えは僕の予想とは全く違っていた。彼は「子丑寅卯辰巳午未申酉戌亥（しちゅういんぼうしんしごびしんゆうじゅつがい）」と，十二支を音読みで言ったそうなのである。

それは「暦と迷信」という授業をやった時に，僕が彼らに覚えさせたものだった。それを覚えていたのだ。

●自信の表現としての暗記

これを聞いた時，僕は自分の予想していたのとは全く違う意外な答えに，何か拍子抜けしたような少しガッカリした気分だった。

しかし，しばらくするうちに，〈これはひょっとすると，これまで自分が気がついていなかっただけで，実は大切なことなのかもしれない〉と思うようになった。

考えてみると，「覚えた事を言ってみろ」と言われてスラスラと言えることがあるということは，彼にとって，とても自信になっていることは間違いないだろう。第一，この「十二支を漢字で書いたり，それを音読みすること」は決してたやすくはない。それどころか常識を超えた知識だと思う。それゆえに彼はそれを言ったのかもしれない。それまで彼が受けてきた授業と仮説実験授業との違いを彼なりに表現しようとしたときに，これは確かに端的に相手を納得させるやり方ではないだろうか。

そう考えてみると，「暦と迷信」の授業で十干《じっかん》や十二支を覚えさせたことは，自分が思っていた以上に重要なことだったのではないかと思えてくるのである。

とにかく，このことは「暗記の授業」ということを考えるときに，僕には忘れられない出来事なのである。

●僕と「暗記の授業」

それでは，「十二支とか十干を覚えさせるようになったのはなぜか」というと，一つには，そうした方が「暦と迷信」の授業を進めるうえでやりやすいからである。それが直接のきっかけなのではあるが，それだけではないと思う。

それまでに「覚えさせる授業」というのを試みて，〈必ずしも生徒がそういう授業を嫌がらない〉ということを，なんとなく直感的につかんでいたからかもしれない。

たとえば，世界史の時間に中国の王朝名を時代順に暗記させたことがある。これは僕自身が中学生の時に教えてもらったものだ。

殷　周　秦　漢　随　唐　宋　元　明　清

これをただ頭から「いん，しゅう，しん，かん，ずい，とう，そう，げん，みん，しん」と言っていくだけなのだが，語呂がいいのかリズムがよいのか，覚えるとつい口の中で言ってしまっていることがある。これをやってみて，生徒たちの反応が良いことになんとなく気がついた。

また，惑星の順番などもそうである。《宇宙への道》の授業をやった際に，その覚え方があることを知って，自分でも覚えて，生徒にも覚えさせたりしていた。

そういうことがあったので「暦と迷信」の授業をやるようになってからは，十干十二支を覚えさせるようになっていたのだろう。

●「たのしい暗記の授業」の条件

こういう「暗記の授業」をやる際に僕が気をつけているのは，まず「授業の時間内でやれるようにしていること」，そして「ほとんどの生徒が知らなくて，誰でも同じスタートラインに立てるようなものだけを対象にしていること」である。おそらく，この２つが「暗記の授業」を楽しくする最低の条件ではないかと思う。

生徒たちがものすごく喜んでくれる「タカムラ式略年表」（「日本史年表をフリーハンドでかく法」『ものづくりハンドブック１』仮説社，に収録）なども，おそらくこの条件をかなり満たしているからではないだろうか。また，『たのしい授業プラン国語１』にのった「透明な漢字を書いてみませんか」という二階堂泰全さん（岡山・中学校）のプランを自習の監督に行ったときにやったことがあるが，そのクラスの優等生も劣等生も一緒になってすごく盛り上がった。これなどもいい例ではないだろうか。

●教室データベース

さて，「たのしい暗記の授業」ということで，今やってみたいことがある。

クラスの全員が「それぞれ違うものを覚える」というのである。たとえば，都道府県なら都道府県について，クラスの一人一人が，それぞれ自分の受け持ちの県を決めておいて，人口，面積など覚えて，必要なときに言えるようにしておくというものである。つまりこれは，「エリート効果」ともからめて，教室をデータベースにしてしまおう，というのである。

ただ，一度にたくさんのことを覚えるとなると苦しいので，《世界の国ぐに》をやっている時は「その国の首都，面積，人口」とか，《日本歴史入門》の時は「日本歴史唱歌」の何番だけは覚えるようにする，といったような具合に，1回に覚えることは少なくして年に何回か覚えるようにするとよいのではないだろうか。

実は，それと似たような感じで，こんなことを試みている。一人一人，「自分の覚えたいもの」を決めて，それを暗記する，というものだ。一応「地理に関係するもの」という制限はつけて，まず，「覚えたいもの」をレポートして出してもらった。そしたら，「東京23区の名前と読み方」とか「アメリカの州」などの他に，「各都道府県の花」とか「今年の高校野球夏の大会の各県代表校」などというのも出てきてなかなか面白い。これなら調べるだけでも楽しかったのではないかと思う。試験もする約束なのだが，自分で内容を決めた試験ということで，どう反応するか楽しみである。

（初出No.198，98・6）

覚えておいてよかった！

卵の重さは約50gで，「西向くサムライ（士）」の月は短い

島　百合子

「卵の重さは約50g」……これを覚えておくと，料理をするとき，けっこう便利です。

まず，電子レンジを使うとき。電子レンジでは，「食品100gあたり約１分間加熱をする」ということが多いのですが，いちいちハカリにのせるまでもありません。たとえばごはんを温めるときなど，「だいたい卵４個くらいのかたまり」なら２分間チンすればいいわけです。

食品（動物・植物）は密度が違うといってもたいした違いはないので，だいたいはこれでいけます。もともと「100gあたり１分」というのも目安にすぎないのです。

また，パウンドケーキ（卵・小麦粉・砂糖・バターが同量のケーキ）を作る場合でも，卵を基準にして，ほぼそれと同じ量の小麦粉・砂糖・バターを入れて作ればいいのです。

さらに，料理の本に「とり肉50g」と書いてあれば，「ああ，卵１コくらいの大きさね」と感覚的にわかります。

「西向くサムライ（士）の月は短い」というのは，「今月は何日まであったかな？」というときに，いちいちカレンダーを見なくてもすむので本当に便利です。つまり，「ニ（２）シ（４）ム（６）ク（９）サムライ（士＝十一）の月は30日以下（小の月ともいう）」ということです。

これ，私はよく使うのですが，いつの間に身についたのか覚えていません。いつごろから言われていることなのかな。知りたいです。

（富山・小杉小学校）

調味料の「さしすせそ」

木下富美子

「肉じゃが」などの煮物料理をつくるとき，はじめに甘い味付けをします。砂糖より先に醤油を入れると，甘みがきかないようです。醤油は香りがとばないように最後に入れて仕上げるのが，おいしくつくる秘訣だそうです。

覚えていてよかった！

煮物にかぎらず，複数の調味料を使うときは，「さしすせそ」…1.さとう，2.塩，3.酢，4.しょうゆ（せうゆ？），5.ソース（みそ），の順に加えるとよいそうです。私はよく，「〈さしすせそ〉だったよな～」と思い出しながら，料理をしています。とても役だっています。（東京・大泉学園小学校）

地域を見る視点，人口尺度

宗　敦夫

私の（高校社会の）最初の授業は，「現代社会」なら《生類憐みの令》，「地理」では《日本の都道府県》です。私は「地理」を担当することが多いのですが，県名は高校でも覚えてもらいます。

人口のところでは，「日本の人口1.2億，兵庫県の人口540万，神戸市の人口140万」を暗記しておくだけでなく，10万規模，１万規模で，よく知っている地域（市町村）を覚えてもらうといいなーと思っています。生徒と教師が共通にイメージできる人口の尺度をもっていると，それが〈地域を見る一つの視点〉として役立ちます。つまり，旅行に行ったときなど，「まず，人口尺度でその地方を見る」という学習ができます。これは授業をしながら身につけたことで，学校で（生徒として）学んだことではありません。

（兵庫・伊川谷高校，社会）

「発想法カルタ」かな？

柳下　修

暗記して役に立っているのは，「左右」と「東西南北」くらい？

だいたい大人になってからは，暗記という意識なしに覚えて使っている知識が多いように思います。発想法カルタ（板倉聖宣『発想法かるた』仮説社）なんかも，いくつか覚えていますが，もしかしたら全部暗記したらもっとしっかり使えるのかなあ？

今，思い出せるのは……「どちらに転んでもシメタ！」他13編ほどでした。実は，かなり気に入っているカルタが思い浮かばなかったりして，「ありゃ～，けっこう思い出せないもんだねえ」と思いました。『発想法カルタ』にある83＋1を全部暗記している人，いるかなあ？　著者の板倉さんは暗記しているのかなあ……。

書いているうちに，全部暗記したくなってきてしまった。どーしよ……。（神奈川・栄光学園，高校理科）

キロキロと……

葉貫正憲

暗記といえば，なんといっても

「キロキロと
ヘクトデカけたメートルが
デシに追われてセンチミリミリ」

です。これは，メートルの頭につける記号（キロ・メートル，ミリ・メートルなど）の覚え方です。

キロ（k）　ヘクト（h）
デカ（da）　（メートル）
デシ（d）　センチ（c）
ミリ（m）

「これは〈メートル法の単位をおぼえるおまじない〉みたいなものです。これがあると，単位がえも，かんたんにできるというので，多くの人びとに使われました」（松崎重広「尺貫法とメートル法」，落合大海・松崎重広『税金でさぐる日本史』52ぺ，国土社）というわけです。

私は昔，松崎重広さんの『広さと面積』のガリ本で知って，授業で暗記させていました。子どもたちは面白がって覚えて，単位換算に役立ててくれました。

ところで，十数年前の教え子のM君は，3年前，教師になりました。初めて教師になった年の夏休み，私の家に遊びに来て，「先生に習った〈キロキロと……〉というのはどこに出ているんですか」と言うのでびっくりしたことがあります。

くわしく聞いてみると，〈キロキロと…〉というのはかなり印象的だったようで，「自分も授業のとき使ってみたいのだが，資料となるものがほしい」とのことでした。あれはオマケみたいなものだったのに，子どもにとってはメインの学習になっていたようです。

（福島・永井野小学校校長）

〔現在，この「キロキロと…」は，松崎重広さんによって「（読んでたのしむ算数）メートル法のおまじない」という〈お話プラン〉

としてまとめられています。

虹の７色

小田富生

近年まで，「虹のトムボーイ」を作るときに，いつも『ものづくりハンドブック２』をひっぱりだしては，その７色を調べていました。ところがあるとき，その７色を「セキ・トウ・オウ・リョク・セイ・ラン・シ（赤橙黄緑青藍紫）」と声に出して唱えている人がいたのです。そこで私も何度か唱えてみて，覚えてしまいました。それ以後，虹の７色に困っていません。意味のない「セキトウオウリョクセイランシ」ですが，案外忘れていません。　（和歌山・福井小学校）

惑星配列と原子名21種

多久和俊明

「中学校の理科教師」という立場で「暗記していてとても役だっている知識」というと，次の二つです。この二つは私のタメになっています。生徒さんにも軽く教えることにしています。

□惑星配列（太陽に近いほうから）……すいきんちかもくどてんめいかい（水金地火木土天冥海）

水星・金星・地球・火星・木星・土星・天王星・冥王星・海王星

□原子記号（軽いほうから21種だけ）……水兵リーベ，ぼくの船な，ムグアル・シップス，クラークか，好かん！

水素《すい》H・ヘリウ《へー》ムHe・リチ《りー》ウムLi・ベリリウ《べ》ムBe・ホウ《ぼ》素B・炭素《く》C・窒素N《の》・酸素O・フッ《ふ》素F・ネオン《ね》Ne・ナト《な》リウムNa・マグ《む》ネシウム《ぐ》Mg・アル《あ》ミニウム《る》Al・ケ《し》イ素《っ》Si・燐《ぷ》P・硫黄《す》S・塩素《く》Cl・アル《らー》ゴンAr・カリウ《く》ムK・カル《か》シウムCa・スカンジ《すかん》ウムSc

板倉聖宣『原子とつきあう本』（仮説社）という本には，「原子（元素）・単体のデータブック」という副題がついているのですが，そこには「〈水兵リーベ……〉はあまりはっきりと発音しないように」といった「覚え方の注意」までのっていて，とても便利です。

（埼玉・吉川市東中学校，理科）

「生物」関係の術語

田部井哲広

ちょっとマニアックかもしれませんが，「高校の生物の授業でとても役立っている（便利・おもしろい）知識」ということで紹介します。

□栄養素（糖）の名前

酪農・ラクトース（乳糖）……乳糖は牛乳に含まれている。

フルーツ・フルクトース（果糖）……果糖は果物に含まれている。

グレープ・グルコース（ブドウ糖）……ブドウだけでなく，多くの細胞に含まれている。

これらは，確か，千葉の塩野広次さんに教わったことです。

□細胞の名前

ボーッと棒細胞……棒細胞は目の奥にあって，光を感じる細胞。つまり，ボーッとしていても，網膜に像はうつっている。でも，心ここにあらざれば，見れども見えず。

□植物の体の構造

「水」道管・「栄養」師……水は「導管」の中を通り，栄養分は「師（篩）管」の中を通る。

これは愛知の宮地祐司さんに教わったことです。

□人間の体

うずまきは耳っぽい……人間は耳の奥にある「うずまき管」で音を聞いている。

ふだん授業などで使っているのは，こんなところです。

（千葉・実籾高校，生物）

てんとう虫マーク

オームの法則

仁坂貢朗

「オームの法則」という電流回路の基本的な法則があります。その覚え方で「てんとう虫マーク」というのがあります。

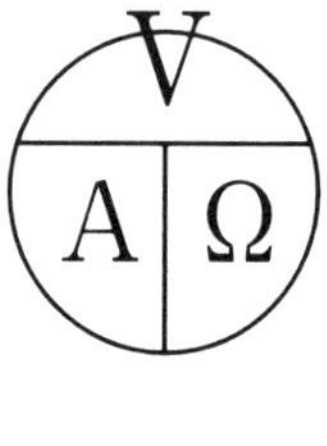

覚えておいてよかった！

この図の使い方は，わからない（求めたい）ところを指でかくして，計算すればいいのです（Vをかくしたら，A×Ω）。

もともとこれは中学校で《電流》の授業をやっているときに，生徒の発言がもとになってできたそうですが，なかなかいいですよ。（くわしくは，『第3期仮説実験授業研究』第5集，185ぺ，仮説社）

この覚え方の良いところは，ちょうど，「触覚のところがVになるので，V，A，Ωの位置関係を間違えない」ということと，従来からある（右図）ような「*I*，*E*，*R*」という物理量の記号でなく，単位の記号で覚えるので混乱を防げる」ということでしょうか。

（和歌山・日進中学校，理科）

暗記の授業も心に残る

松田心一

10年ほど昔のことです。

卒業文集（中学校）を読んでいたら谷森直樹君の次の文が目にとまり，思わず吹き出しそうになってしまいました。

> 心に残ったことは，あの偉大な大先生，松田心一教諭。子曰く，「中野緑さん，歩いて青く産気づく」などのこじつけには，涙が出るほど感動し，男の愛とロマンを学びました。松田先生バンザイ。

細かいいきさつはこの際省略しますが，谷森君の文中にある「中野緑さん，歩いて青く産気づく」というのは，当時ボクが考えた「BTB（ブロム・チモール・ブルー）溶液の反応色の覚え方」です。

BTBというのは，溶液が酸性かアルカリ性かを調べる指示薬で，「アルカリ性なら青く，酸性なら黄色に，中性なら緑色」になるのです。そこで，

中野緑さん（中性・緑）
歩いて青く（アルカリ性・青）
産気《き》づく（酸性・黄色）

覚えておいてよかった！

と，こじつけたわけです。

じつは，BTBについて毎年教えていながら，リトマス試験紙やフェノールフタレイン溶液などの指示薬と混同しがちでした。正直のところ，この〈こじつけ暗記法〉を考えてから，BTB溶液の反応色についてボク自身やっと自信をもてるようになったのです。

中３の受験生たちにこの〈こじつけ〉を教えたところ，「男の愛とロマン」はともかくとして，大ウケだったことは確かです。

こうした〈こじつけ〉を思い立ったのは，授業書《電流》の授業をやったときのことです。

覚えておけばとても便利な「オームの法則」。教科書や参考書では，$E=RI$となっているのですが，授業書ではテントウムシのように表しています。

これはとてもよい方法なので，それをボクは授業書の横に５回ずつ書いて覚えてもらおうとしました。でも，「電気はニガテ」という意識の強い子たち（とくに女子）がけっこういて，そのままでは「いやいやの練習」になってしまいそうです。そこで，リズムをつけて覚えてもらおうと思いました。ちょっと「絵かき歌」のような感じですが，ボクが考えることですから，フシといっても，たいしたことはありません。

マ～ル書いて
チョン
（または，セン）

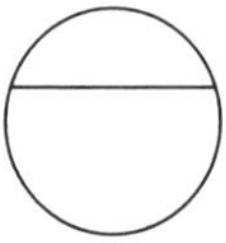

２階はボルト
でぇ ↗
（１階は）→無
言のリズム

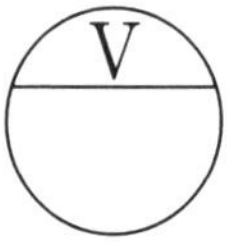

オームにアン
ペア ～↗

拍手喝采のバカ受けでした。それで，これを《電流》の授業の第２部をやっている間中，授業のはじめに暗唱しあいました。また，図を理科室前の掲示板にも貼っておきました。この甲斐あってか，中２の６クラス200名全員が，上のオームの法則を書けるようになるという成果をあげることができました。

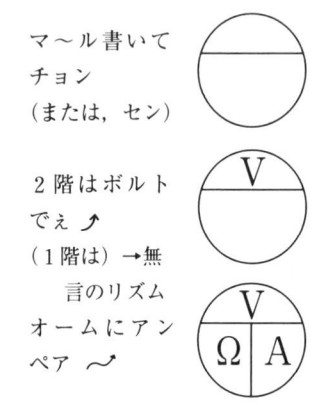

覚えておいてよかった！

そういうことがあったので，いろいろと〈こじつけ〉を考えるようになったわけです。

世の中には「暗記の授業なんて」と怒る人がいるかもしれません。ボクもかつてはそんなふうに考えていた時期があります。しかし，ボクは，『たのしい授業』で板倉聖宣さんの次のような文章に出会って，考えを改めたのです。

（板倉聖宣「暗記の授業を見直す」は『たの授』No.57。現在『たのしい授業の思想』仮説社，に収録。本書186ぺに再録）

> なぜ暗記が楽しくなることがありうるのだろうか。
>
> それはまず，暗記したことは何時かはたいてい役にたつからだ。自分たちで考えたことなど何の役にもたたなくても，昔から人々が覚えてきたことは必ずどこかで役立つことがはっきりしている。それに，そういう知識を覚えるには諳誦のリズムが必要で，そのリズム感の中には歌を覚えるときのような楽しさもある。それに，そういう暗記をしているときの自分は〈いかにも勉強している〉という充実感を感ずることができるからだろう。
>
> 暗記というもの，諳誦というものにもたのしい側面があるとしたら，これは私たちの『たのしい授業』の研究対象にしないわけにはいかない。
>
> （板倉聖宣『たのしい授業の思想』277～278ぺ）
>
> 考えたり空想することと覚えたり訓練することとは必ずしも対立するものではない。どちらも役立つし，それなりに楽しいのだ。だから，覚えることも考えることも，訓練することも空想させることも，みな重要な教育活動なのである。私は長い間，「暗記というのは受験のようにくだらないことにしか役立たない」と思ってきたが，そうではないのである。（同書，284ぺ）

その後，ボクはいろいろのコジツケを考えだしたわけです。今後もそういう知恵をいろんな人がだしあって，具体的な積み上げができるようになれば，暗記することのたのしい側面がもっともっと見えてくると思っています。

（鹿児島・県教育庁大島教育事務局）

（初出No.102，91・4）

単位の記号は
おまかせ

静岡・高村紀久男

いろいろな単位の1000倍や1/1000を表す記号は次のとおり。

G（ギガ）M（メガ）K（キロ）□（基本単位）

G〜M：1000倍　M〜K：1000倍　K〜□：1000倍　□〜基本単位：$\frac{1}{1000}$倍

m（ミリ）μ（マイクロ）n（ナノ）p（ピコ）

m〜μ：$\frac{1}{1000}$倍　μ〜n：$\frac{1}{1000}$倍　n〜p

その記憶法を発明しました。「銀ぶち（G）めがねで（M）キョロキョロと（K），無理に（m）あの世を眺めれば，まっ暗（μ）なのだ（n），ピーコピコ（P）」。

（初出No.292，05・3）

人口ソング

北海道・浦川邦弘

『世界の国一覧表2004年版』（世界の動き社）をもとに「世界の国旗マッキーノ（人口の多い順22カ国）」を作りました。

メキシコも1億人に達したことから，ヨドバシカメラのCMメロディーにのせた，人口ベスト11の歌詞を作りました。「♪人口多いは中，印，米〜，インドネ，ブラジル，パキスにバングラ〜，ロシアにニッポン，ナイジェリア〜，メキシコまでが1億人〜♪」と歌っています。

ベスト11の国ではロシアが人口減少，日本が変わらず，あとは増加。1億人未満の国は，ドイツが8200万人で12番目に来るのは変わりません。

以下，ベトナム，フィリピン，エジプト，トルコ，エチオピア，イラン，タイ，フランスが6000万人以上で続きます。

イギリスはフランスとかわって21番目，イタリアが22番目です。ちなみに23番目はウクライナに代わってコンゴ民主共和国が入ってきました。

世界の総人口は63億人。上位22カ国で46億人で73%＝四分の三を網羅するなんて……。マッキーノをやる価値があります。

（初出No.198，98・6）

「有能になるたのしさ」と「いま，このひとときのたのしさ」

●ドリル論と私

村上道子　千葉・船橋市八木が谷小学校

もっとも影響を受けた考え方

本誌『たのしい授業』は，やがて200号を迎えます。1983年の創刊以来15年のあいだに，各種の論文，読みもの，授業プラン，授業記録などが掲載されてきました。この間，思わず涙をさそわれた感動的な話，「これは使える」とすぐに試みたプラン，「こう考えればいいのか」と現代社会の見方を教えられた論文など，私にとって，仕事の上だけでなく今の世の中を生きていく上での指針としても感銘を受けた文章がたくさんありました。

そのような多くの文章の背後には，それぞれ「たのしい授業の考え方」というべきものがあるわけですが，その「考え方」のなかで，私がもっとも大きな影響（変化）を受けたものは，いったい何だろうか？　と考えてみると，これは，疑いもなく「ドリル論」であるということができます。

「えッ，ドリル？　ドリルって，あの漢字ドリルや計算ドリルのドリル？」「たかがドリルぐらいで，そんなに大きな影響を受けたの？」という声が聞こえてきそうです。「たかがドリル」―

そうです，本誌が創刊された頃の私のドリルに対する感じ方はちょうどそんなものでした。それが今では，「ドリルを通して世の中が見える」といってもよいくらいに，ドリルに対するイメージが変わってきたのです。

「教室は考えるところ」だった

私は教師になった年（1973年）に，『ひと』（1973～98年，太郎次郎社）という雑誌を通して仮説実験授業に出会いました。仮説実験授業は，なによりもその内容と方法のたしかさと質の高さに感動しました。仮説実験授業をすれば子どもたちはもちろん喜びましたが，始めのころは，仮説実験授業の「たのしい授業」という側面を重要な要素というふうには思っていませんでした。仮説実験授業の「考えるに値する問題」を与えることによって，子どもたちはこんなにも深く考えるものか，ということに感動して仮説実験授業をしていたのです。ですから，端的にいって「教室というのはみんなで考えるところ」，そんなイメージをもっていました。とにかく，授業時間というのはみんなで考えるところで，ひとりひとりがただ黙々と漢字や計算の練習をするなどということは，なんとなくもったいないように思っていたのです。

新しい漢字の筆順を教えることはやっていましたが，漢字の練習はどうしていたのか，よく覚えていません。宿題というのはほとんど出していなかったので（今でも出していませんが），なんとなく「練習しておきなさい」と言っていたのかもしれません。それで，漢字テストも1週間か2週間に一回ぐらい，まとめて10～20題ぐらいやっていたように思います。当然テストのできもよくなくて，それでも，あまり気にしていませんでした。

これでは，宿題にでも出してまめにテストをしていたほうが，まだずっと〈良心的〉な教師といえるでしょう。そういえば，教師になって２年目ぐらいの頃，家庭訪問で一人のお母さんから「うちで漢字を書かせたら，ほとんど書けなかった。学校では漢字をどうしているのか」というようなことを言われたことがありました。なんと答えたのか覚えていないのですが，内心では「ずいぶん熱心な親がいるんだなぁ。気をつけなきゃ」という印象をもったのは覚えています。

有能になるたのしさ

私が教師になって10年目，1983年に『たのしい授業』が創刊されました。『たのしい授業』では，初期の頃から繰り返し「ドリル」や「覚える授業」の特集を組んできました。ドリルの具体的な方法はもちろんですが，私がとくに目を開かされたのは，板倉聖宣さんの「ドリル論」でした。「たのしい授業とドリルの構造」（板倉聖宣『たのしい授業の思想』仮説社）という論文の中で，板倉さんは次のように書いています。

> 私たち人間というものは，もともと有能になるのを楽しいと感ずるようにできているのだと思います。だから，子どもたちを有能にするという授業はたのしくなると思うのです。それなら，哲学者的・芸術家的な感動をあじわわせるとか，心にゆとりをもたせる授業をやっていれば，子どもたちは自然に有能になるかというと，そうはいきません。多くの事柄はやはり特別な訓練をしないとなかなか成果があがりません。
> （板倉聖宣『たのしい授業の思想』197ぺ）

仮説実験授業やキミ子方式の絵のような「哲学者的，芸術家的な喜び・感動を教える授業」，もの作りや言葉遊びのような「心にゆとりと豊かさをもたらす授業」をやっていても，ドリルや覚える授業をきちんとやらなければ，子どもたちから「有能になるたのしさを味わう機会」を奪っていることになります。しかも，ドリルや覚える授業の内容はごく基本的なことがらで，子どもたちがこれから生きていくうえで必ず使うようなことがらばかりです。そう考えると，ドリルや覚える授業をきちんとしないのは，ずいぶん罪深いことではないか，と思えてきます。

それでは，「有能になるたのしさ」を味わわせるためのドリルはどのようにすればよいのでしょうか。同じ論文で板倉さんが示している原則は，「自分の努力の成果がすぐに目に見える」ような方法で，「第一級の基本的なことは，宿題にせず学校で」「ドリルをしたらすぐにテストをする」ということです。ドリルの意義を「有能になるたのしさ」と規定することによって，テストもそれまでとは違った意義（自分の進歩を確かめるため）をもって見えてきたのです。

こうして，「有能になるたのしさ」という考え方によって，私はドリルに対する新しい見方を教えられたのです。とはいっても，実際にドリルをきちんとやるようになるまでには，なお時間がかかりました。それは，一つにはドリルの具体的な方法を「ひとりひとりが黙々と練習する」というイメージでしかとらえていなかったからです。「黙々と練習する」というのも一つの方法ですが，教室でみんなでドリルをするならば，全員がいっせいに書いたり唱えたりする方法もあり得るし，かるたのようにゲーム的にやる方法もあり得るわけです。そのようにさまざまな方法があり得るということがわかってくるにつれ，ドリルは結果として「有能になる」たのしさだけでなく，ドリルすること自体もたのしくできるということがわかってきたわけです。

このような，ドリルの方法としての広がりに加えて，ドリル論が後に述べるような幅広い有効性をもつことがわかってきたのも大きな契機となりました。

ドリルの内容が重要

ドリルのような訓練的なことがらは内容も方法も単純なので，やるとなれば簡単にできそうに思えます。しかし単純なことほどその意義と限界をしっかりとふまえ，原則を守ってやらないと，すぐに「たのしさ」からはずれてしまいます。上に示したような方法については，はっきりした原則ができていますが，何をドリルするかという内容についてははっきりと決まっているわけではありません。小学校の中学年ぐらいまでは，漢字・計算などほんとに基本的な内容はそれほど検討の余地はないかもしれませんが，学年が上がるにつれて，ドリルをする内容を吟味することが大事になってくるのではないかと思います。

> 有能になっても，使わない知識の有能さはダメです。そういうものを無理に使おうとすると，他人を蹴落とす有能さということになりますから，これはみにくいです。しかし，ある程度の漢字を読み書きできるのは，これはどうしても必要。ある種の計算ができるのはどうしても必要。ある種の地理的な能力，ある種の科学的な能力は必要です。――こういうことになりますと，何が必要かという議論になるようですが，「何が楽しいか」ということで考えていったほうが本質的なものが見えてくるように思います。　(前掲書，203ぺ)

「～はどうしても必要」――私たち教師は自分が教えていることがらについては，つい，そのように思いがちではないでしょうか。「○年生では，これはどうしても必要」「教科書に載っていることは，受験のためにはどうしても必要」というふうに。こういう思いがドリルの正当性（有能になるたのしさ）と結びつく危険性を感じないわけにはいきません。ですから，私は一方でドリルの重要性をふまえながら，「学力保障とたのしい授業」という論文で板倉さんが書いている次のことばをいつも頭の隅に入れておきたいと思うのです。

> 私は，たいていのことは知らなくたっていいと思っています。ただ，「自分で必要と思えるようなことはいつでも学び直すことができるような意欲と自信を高めるような教育をすること――そういう教育をすることこそが，もっとも高い学力の教育というものではなかろうか」と思うんです。
>
> （前掲書，217ぺ）

「いま有能になる」ための努力が，いつか必要と思えるときに学びなおす「未来のための意欲と自信」をつぶすことにならないように。「未来のための意欲と自信」を最優先させるならば，なによりも大切なのは，「いま，このひとときのたのしさ」です。ドリル論では，「いま，このひとときのたのしさ」と「有能になるたのしさ」の幸せな一致をめざしているわけですが，そういう幸せな一致がいつも実現するとは限らないでしょう。ときには，「いま，このひとときのたのしさ」のために「有能になるたのしさ」を忘れてもいいのではないか，と思うのです。

有能になることを意識しないうちに有能になる

ドリルというのは「有能になるたのしさ」を味わわせるために「自分の進歩がすぐに見えるようにする」ものであるのに，「有能になることを一時的に忘れてドリルをする」などというのは，矛盾そのものですが，子ども自身にとっては「有能になることを意識しないで楽しんでいるうちに，いつのまにか有能になった」というあり方こそ，ドリルの理想ではないでしょうか。

じつは，私が昨年から受け持っているクラスで行っている放課後の読みの練習は，この「有能になることを意識しないで，とにかくいま，このひとときをたのしむ」ということを念頭においてやってきました。

昨年３年生を受け持っておどろいたのは，音読がスラスラできない子が多いということでした。そのために毎日，国語の時間に限らず，算数でも社会でも理科でも教科書の文章を音読する，辞書を引いたらすぐに小さい声で音読する，プリントも配られたら音読する，というふうに，目にした文章は片っ端から声に出して読む，というやり方をしてきました。

そうすると，１学期がすむと多くの子どもたちはかなりスラスラと読むことができるようになってきました。これは，同じ文章を何度も繰り返し読むのではなく，「さまざまな文章を，目にしたらその場で音読する」という方法（これを私は「初見で読める子に」というねらいで行っているのですが）です。同じ文章を何回も読むわけではないので，子どもたちにとっては「ドリル」という意識はないでしょうが，１学期が終わって書いてもらった感想文の中に「音読ができるようになった」と書いていた子がたくさんいました。

「いま，このひとときがたのしい」ということ

ただ，こういうやり方にもついてこられない子が２人いました。ひらがな続きの文章も，ことばのまとまりを意識してスラスラ読むということができないのです。授業の中だけではとても読めるようにはなりそうもありません。そこで２学期からですが，この２人には放課後も残ってもらって，読みの練習をすることにしました。

音読ができない，ということは他の子どもたちも知っているわけで，そのために放課後残って勉強するというのは，みじめなことにちがいありません。そこで，できるだけみじめな気持ちにならないように，まず時間は５分から長くても10分，「さよなら」をしても教室のそのへんにまだ子どもたちがいるというぐらいの

時間で終わりにすることにしました。そして，初めは1年生の漢字ドリルをコピーしたものがあったのでそれを使っていたのですが，内容がつまらないのですぐにやめて，短い絵本を読んだり，そのうち，なぞなぞの絵本を読むことにしました。

それは『なぞなぞあそびうた 1，2 』（角野栄子作，のら書店）という絵本です。絵本ですから文章は少しだけ，詩のように書かれているのですが，それを，絵の部分をかくしながら2人が交替で音読をし，順番をかえてもう一度交替で音読する，そのうちなぞなぞの答えがわかったら言う，というふうにしました。これは2人とも喜んでいました。2人で一回読み終わってすぐに「わかった！」と答えを言う場合もあります。なかなかあたらないこともありますが，そういうときはヒントを出してあれこれ考えてもらいました。

こうしてなぞなぞの本を読んでいると，そのうち，ほかの子どもたちが自然に私の机のまわりに集まって，うらやましそうに聞いているようになりました。聞いていて答えがわかってしまうこともあるのですが，「ほかの人は答えてはダメ」といってあるので，残念そうです。2人は「いいだろう」という感じで，なんとなく得意そうです。先生と2人だけでなぞなぞの本を読んでいて，ちょっと特権的なのです。でも，毎日残って勉強しているのだから，そのぐらい特権的な気分にしていいと私は思いました。

こうして毎日残って読みの練習をしたのですが，まずおどろいたのは，私の方から「残って読みの練習をしようね」と言ったのは最初の一回だけで，2日目からは「さよなら」をすると，自分たちで，さっと私のところに来ることでした。そして，終業式や長い休みの間の登校日のような，子どもたちをすぐに帰す特別な日まで，「先生，今日やる？」とききにくるのです。こういう姿を見て私は，「あぁ，やっぱり読めるようになりたいのだ。有能になりたいのだ」と思いました。そして，放課後のこの5分から10分が，この二人にとって「いま，このひとときがたのしい」と思えれば，読む能力はやがてついてくるし，文章を読むという意欲と自信もついてくるにちがいないと思いました。

「なぞなぞ」の本を選んだのはよかったと思います。たどたどしくとも，とにかく音読しながら「何が書いてあるか」，自然に頭を働かせてしまうからです。つまり，ただ文字を声に出して読むというだけでなく，なぞなぞをとくという問題意識があるわけです。そして，なぞなぞですから，同じ文章は2日と読みません（1つのなぞなぞは，2～3回は読みますが）。答えのわかったなぞなぞは，繰り返し読んでもおもしろくありません。だから，ドリルのためのドリルのような，同じ文章を何回も何回も読むようなやり方はしないわけです。

3年の2学期から始めて，4年に持ち上がったので，今も続けています。いつだったか一人の子が「先生，こんど漢字のまざったのをやろうよ」と言いました（この子はだいぶ読めるようになってきました）。それで，今では少しずつ漢字のまざった文章を読んでいます。もう一人の子は，それほどスラスラ読めるようになったとはいえませんが，少なくとも授業で（漢字には仮名をふって）順番で読むときに声を出すようになりました。この子は3年の始めは仮名をふっても，みんなの前で声に出そうとしなかったのですから，少しずつ音読に対する抵抗が減ってきたと考えていいでしょう。こうして毎日5分から10分続けることで，子どもたちがいつか「いつのまにか有能になった」と思えるようになればいいなぁと思っています。

いつのまにか慣れさせてしまうドリル

ドリルというのは，「有能さ（自分の進歩）が目に見えるようにする」ことが大事で，「いつかできるようになる」将来のためのドリルはいやらしい。だがしかし，場合によっては「いま，このひとときがたのしく」できれば，有能さはそのうち「いつのまにか」ついてくる，ということもあるのではないか，ということを書きました。

ところで，ドリルというのは漢字ドリルや計算ドリルなど，内容と方法の明確な「短期集中的な練習」といったイメージが一般的でしょう。そういうドリルに対して，世の中には，知らず知らずにドリルさせられてしまう「習慣化」といったこともあるのではないでしょうか。こういう見方を知らされたのは，前の天皇が死んだときの一連の報道をめぐる「天皇制と教育」という板倉さんの文章でした（板倉『近現代史の考え方』（仮説社）に収録）。

> 最近の天皇報道はどうでしょう。まるで天皇はふつうの人間，日本人とは違う「神に近い存在」のような扱われ方をしているではありませんか。「陛下《へいか》」「崩御《ほうぎょ》」という天皇・皇后だけの特有な敬語をはじめ，戦前の「現人神（アラヒトガミ）」天皇時代の敬語をそのまま引き継ぐから，「人間宣言」以後の天皇でもすぐに「神」に近い待遇を受けることになってしまうのです。（中略）
>
> 人々は，新聞やテレビ，週刊誌などが最大限の敬語を用いて大騒ぎするから，その雰囲気に圧倒されて，なんとなく天皇が神々《こうごう》しい存在に思えてしまうだけといってもいいようです。（中略）
>
> 人間というものは雰囲気に弱いのです。（中略）
>
> 自分自身が納得していないものにまで，まわりから雰囲気をつくり上げられてそれに乗せられるというのは，合理的なことではありません。
>
> （板倉聖宣「天皇制と教育」『近現代史の考え方』仮説社，収録）

板倉さんはこの文章で「ドリル」などという言葉は使っていないのですが，同じころ開かれた研究会で板倉さんが天皇制の問題をドリルと関連させて話されたことを覚えています。こういうことも「ドリル」という言葉で考えてみると，教育の問題がはっきりと見えてくることもあるのではないかと私は思うのです。

まわりの雰囲気に押され，そういうものだと思いこまされ，慣れさせられてしまうドリル。戦前の天皇制下での教育は，「天皇は神である」ということを疑わせないように，繰り返しドリルをしてきた。そういう教育は終わっても，「天皇は神に近い存在」のような雰囲気作りのドリルは相変わらず続いている。知らず知らずのうちに慣らされてしまうドリル。天皇制に限らず選挙のときの候補者名の連呼など，世の中にはこのような類のドリルはたくさんあります。

こういう観点は，学校の中でのさまざまなことがらについて考える場合にも有効ではないでしょうか。「習慣化」という名のもとにドリルさせているあれこれのきまり，目標など，ドリルすべきではないのにドリルさせてしまっていること。このように「マイナスのドリル」といった観点で見直すべきことは，たくさんあるのではないでしょうか。

長期的なドリルとしてのことばの学習

ドリル論についてさまざまな側面から書いてきましたが，最後に最近私が行っている「ことばの学習」を例にして，長い目で見たドリルといったことについてふれることにします。

「ドリルの意味を拡張しすぎる」と言われそうですが，上に書いた雰囲気作りのようなことを含め，「文化」というものは生きていくなかで繰り返され身についていくという意味で，「ドリルによって形成される」ともいえるでしょう。なかでも，「ことば」

というのは，生まれて「最初のことば」に出会って以来，日々これドリルの繰り返しともいえるわけです。

日常的に母語としての「ことば」を使いながらドリルを意識する人はいないでしょうが，新しい言語を学ぶときは，ドリルという意識をもって練習しているわけでしょう。学校では母語としての日本語を使って授業をしているわけですが，学校を日本語の意識的な訓練の場と考えるなら，漢字の練習以外のことばの学習も「ドリル」と見ることもできるのではないでしょうか。

私は，国語辞典の使い方の学習を「国語辞典入門のドリル」として位置づけ，国語の時間に限らず毎日必ず一回は引くようにしています（村上『ことばの授業』仮説社，参照）。また今年は，「ことばのノート」という新しい試みを始めています。この「ことばのノート」は，国語のノートとは別にいつも机の中に入れておくようにして，国語の時間や授業時間に限らず，あることばを私が教えたときにそのことばを記録させておくようにしています。

この4月から私が折にふれ子どもたちに紹介したことばは，「実物大」「目くばせ」「念のため」「つまさきだち」「弓なり」「さくらふぶき」「ほころびる」「食わずぎらい」「味覚」「将棋だおし」「尻切れトンボ」などですが，いずれも，たとえば次のように，さらりと取り上げるだけです。

実物大……理科でヘチマのたねを見て図を書くとき。「だいたい実物の大きさぐらいに書いてみてください。こういうことを〈実物大〉に書くといいます」と話しました。

さくらふぶき……体育の時間，満開のさくらの花が風に散っていく様子を見て，「こういうのを――」と言うと，何人かの子どもがすかさず「さくらふぶき」と元気よく答えてくれました。

目くばせ……クラブの希望調査のとき。クラブ担当の先生から

「友だちどうし相談させないでください」と言われていました。子どもたちに「クラブというのは，4年生から6年生まで，いろいろなクラスの人たちがいっしょになって，いつものクラスの友だちとは違う人たちと活動するという意味があるので，相談しないでね。声に出さなくても，目と目で合図して〈あれにしようね〉なんていうのもダメよ。そういうのを〈目くばせ〉といいます」と話しました。

こんな調子で，休み時間に子どもが話にきたことや，ちょっとした機会をとらえて「ことば」を教えます。私の短い話のあと，みんなで辞書を引くこともあります。それらのことばは，子どもたちの日常的な会話では出てこないけれども，おとなになればごく自然に使うようなことばです。こういうことばは，実際に使われる場面をとらえて話すと，ことばの使われ方がわかって，ことばの生きた学習になるでしょう。（「ことばノート」については後日くわしく書く予定です）

こういうことをしなくても，子どもたちは成長していく過程でさまざまな機会に頭の中の辞書の語《ご》彙《い》を増やしていっているわけです。でも，このように機会をとらえていろいろなことばを教えていくと，「子どもたちの言葉づかいが悪い」とか「はやり言葉ばかり使う」などと，子どもの言語生活をけなす必要はなく，そんな気もしなくなります。こちらから値打ちがあると思うことを与えていけば，子どもたちは自然に身につけていくにちがいないと思うのです。こういう「ことばの学習」も意図的に続ければ，長い目でみたドリルといえるのではないでしょうか。

「ことば」というのはきわめて日常的な活動ですが，ことば以外でも日常的な教育活動をドリルという側面から見直してみると，何か新しい発見があるのではないかと思います。

ドリルの基本を考える

●ドリル（錐）からドリルへ

（初出No.173，96・9）

目次伯光《めつぎのりみつ》　東京・刃物鍛冶修行中／和光中学校講師

●はじまり

7月27日の『たの授』公開編集会議に出たところ，9月号の特集テーマ〈ドリル〉についての話が面白かったので，少し書いてみたくなりました。これは，編集会議の席上で出た様々な話に刺激をうけて，私の体験と重ね合わせて；今の私のドリルに関する考えを書いたものです。

まず，〈ドリル〉の語源。板倉さんが，サッと辞典を調べます。これは，もともと孔あけ用の錐《きり》のこと。何度も繰り返し回転させる動作から，繰り返しによって何かを身につけることを〈ドリル〉というようになったようです。

なるほど，まさにぴったりのイメージだなと，ボクは思いました。錐を使ったことのある人ならわかると思いますが，ふつう，大工道具の錐で木に孔を開けようとすると，なかなか開かないものです。錐が確かに進んでいるのかどうか，心配になるくらいです。それでも辛抱強く揉《も》んでいると，やがては，板の反対側から錐の先が出てきます。この，〈やっているときは進んでいるのかどうかわからないくらいでも，一定の繰り返しさえしていれば，やがては成果が表れる〉という様子が，非常にぴったりくるのです。うまい言葉を使ったものだと感心しました。

●「ドリル」で〈ドリル〉を体験したはなし

ところで，錐《きり》を揉《も》む作業というのは，じつはそれ自体がシンプルな〈ドリル〉であるところが，さらに面白いところです。つまり，〈両手で錐を揉むという単純作業を何度も繰り返しているうちには，やがてその作業に習熟してしまい，始めよりずっと速く，楽に孔開けが出来るようになっていく〉ということです。

じつは，ボクは中学生のときに〈キリモミ式〉という火おこしに凝《こ》ったことがあります。キリモミ＝錐揉みで，錐で孔を開けるのと同じ動作の繰り返しで，木と木をこすり合わせて火をおこすのです。中学１年生のときにこの〈遊び〉を名倉弘さん（東京・わかば科学クラブ）から教えてもらい，挑戦するようになりました。

初めの頃は無駄な力を使うので，すぐに腕がくたびれてしまったり，手のひらに豆ができたりして，まったく火がおきる様子もありません。しかし，何度も何度もやっているうちには，煙がでてきたりして，どの程度の力とスピードで作業すれば最も能率的で長続きするかが，体でわかってきます。そうして，中学２年生のときには，あるきっかけから，単独で発火に成功しました。さらに繰り返しやり続けているうちに，ほとんど疲れも感じないくらい気楽に火が起こせるようになっていきました。１年半くらいのうちに，ほぼ完全に熟練してしまったのです。これこそまさに，〈ドリルで身に付いた技能〉ということができるでしょう。この技能は，今でも忘れることなくいつでも発揮できるほどに身に付いています。

この発火作業に熟練した後，自分自身驚いたことがありました。

それは，大工道具の錐を久しぶりに使ってみたときのことです。

ボクは，工作が割合好きだったので，火おこし以前にも，何度か錐を使ってみた経験がありました。そのときのイメージが，冒頭に書いた，〈なかなか開かないものだ〉という感覚です。ところが，キリモミ発火に熟練してからはまったく違いました。久しぶりに錐で孔開けをしてみると，自分で拍子抜けするくらい，速く楽に開くではありませんか。〈錐ってこんなに使える道具だったんだ〉と，錐のイメージがまったく変わってしまうほどでした。当たり前といえば当たり前ですが，錐を揉むという腕使いの技能が，格段に向上していたことを強く自覚した出来事でした。

後から考えると，火おこしの訓練を繰り返したことが，ずいぶん手とノーミソの訓練になっていたように思います。そういえば，ボクは体格の割には，かなり腕相撲が強かったのですが，火おこしのおかげで腕力がついていたのかも知れません。そして，その筋力と調整力は，その後様々な手作業のすべてに生きていたと思うし，今，私が職人道具をつくる鍛冶屋職人をやっているのも，その延長線上にあるような気がしています。

●〈ドリル〉における「道具」と「技術」のこと

ところで，この〈ドリル〉体験には，もう少しきちんと書いておかなければならないことがあります。

それは，「道具」と「技術」のことです。

じつは，後からわかったことですが，ボクが初めて手にしたキリモミ発火用の道具は，悪い道具でした。今のボクがやっても火が起きないような材質の道具だったのです。当然ながら，何度かやってみても，煙も出ませんでした。それで，しばらくの間は，放り出したままになっていたのです。普通なら，それで終わっていたかも知れません。

それでもボクが火おこしに興味を失わなかったのは，一つは〈マイギリ式〉という発火法で摩擦式発火に成功していて，その楽しさを知っていたからでしょう。そしてもう一つは，岩城正夫さんの『原始時代の火』(新生出版）という本を貸してもらっていて，これが魅力的な本だったからです。

この『原始時代の火』にそって，最適の材料を集めてきて良い道具をつくり，そして，この本に書かれている岩城さん自身のキリモミ発火成功までの詳しい体験談をまねて，初めてボクも発火に成功することができたのです。つまり，〈適切な「道具」と，やり方＝「技術」を知った上で練習してはじめて，成果があがった〉というわけです。

思い返してみると，大工道具の錐でも，初めて使った道具は悪い道具でした。学校用につくられた安物だったのです。こういう道具では，何度もやってみる＝ドリルする以前に，嫌になってしまうのが普通です。初めて使ったノコギリやカンナが切れなかった場合なども，たいていは上達すること無く，やがて使わなくなってしまうでしょう。悪い道具……不適切な教材でドリルをさせたりすると，たちまち子どもたちが嫌がることと，なにか重なってくるところがあるように思うのですが，どうでしょうか。

逆に，優れた道具を持つと，必要も無いのに，それらを使ってみたくなったりします。

ボクは，火おこしの他にも，刃物の〈研《と》ぎ〉などにも熟練しています。これも，いい加減な砥石《といし》で，自己流でやっていた間は，何年もの間，あまりめざましい上達はできませんでした。あるとき，名人の研ぎの様子をテレビで見て，さらに，上等の砥石を手に入れたときから，みるみる上達するようになったのです。「本当のドリルは，この，〈いい道具〉と〈いい手本〉を得てから始まった」と言っていいと思います。適切な道具と技術が揃《そろ》わなければ，意欲があっても，効果的なドリルはできないのです。

ボクが火おこしや研ぎに上達できたのは，いい道具と，正しい方法にめぐり会い，かつ，それらの作業そのものが，やっていて楽しかったからです。

●ドリルにおける楽しさの中身について

火おこしや研ぎなどといった作業は，いかにも単純作業でありながら，やってみると驚くほど集中できて，楽しいものです。それは，1回1回の動きが微妙な手加減の連続で，じつは大変活発にノーミソが働いているからだと思います。一見単純な作業でも，刻一刻，〈こうやったらどうだろう〉〈ダメだな〉〈これならどうだ〉〈うまくいった〉という具合に，小さな予想－実験を果てしなく繰り返して，手やノーミソがそれを覚えていく作業をしているわけです。そして，だんだんとうまく行くようになる進歩感が味わえます。多くの人々がこのような感覚が持てるようなドリルなら，それは成功といっていいのではないでしょうか。

もっとも，ボクの場合，これらの作業は，〈何秒で発火させることに挑戦したい〉とか，〈10ミクロンのかんな屑を出してみたい〉とか，目標がハッキリしていたから，練習を重ねる意欲が続いたのかも知れません。教育でドリルをする場合には，普通の人々にとって価値の感じられるような明確な目標があるということも，大事なことなのでしょう。

そういえば，ボクは，この他にも気持ち良いドリルを体験していることを思い出しました。それは，水道方式による計算ドリルです。小学校1年生から4年生まで，学外の塾に通って教わりましたが，結構楽しかったのを覚えています。そして，計算にかけてはずいぶん技能が高まり，その後も重宝したことを覚えています。これも，「水道方式」という優れた体系 ― 計算ドリルのた

めの道具と技術 — があったからこそ楽しくできたのだと，今にして思います。

●〈悪いドリル〉の共通点

これまで書いてきたことは，非常にうまくいったドリルのはなしでした。しかし，ボクにも気持ちの悪いドリルの思い出もあります。

ボクは漢字のドリルや英単語のドリルなどは大嫌いで，ちっともやりませんでした。その結果，やはり覚えられずに，今でも苦手なままです。もっと困るのは，鉛筆の持ち方と文字の書き方です。変な持ち方をいつのまにか身につけてしまったために，今でも字は汚いし，書くのも遅くて，すぐに疲れます。小学校５年生のときに初めて鉛筆の正しい持ち方を教わりましたが，時すでにおそく，直すことはできませんでした。

他にも，毛筆や絵の授業では，繰り返し〈おまえは下手だ〉ということを思い知らされて，その結果，これらは近寄りがたいものとなっていきました。

このような，〈悪いドリル〉について思い出してみると，どうも共通した部分があるように思われます。〈何をどうやったら良いのか，どこまでやったら良いのかを，ほとんど教わること無くやらされていた〉という点です。適切な道具や技術の無い，やみくもなドリルは，大変迷惑なものになるということだと思います。他にも，その子の体に合わないサイズのイスや机を与えておいて，「姿勢を良くしなさい」などとしつけようとするようなことが，じつはたくさんあるのではないかという気がします。こんなのは，拷問《ごうもん》です。そういうことをやっていると，子どもは，〈大人というものは，できないことを無理強《じ》いする嫌なやつらだ〉という認識だけを身につけて行くことになりはしないでしょうか。ドリルをさせるときには，その目的と手法によくよく注意しないと，とんでもないことが身についてしまうことになります。

●身体的「技能」もドリルで

では，全体的に行う教育の中で，ドリルで身につけるに値するようなこととは，どんなことがあるのでしょうか。一言でいえば，〈豊かに生きて行くために役立つ，基礎的で応用可能な身体的・知的技能〉ということになると思います。

このうち，〈知的技能〉については，『たのしい授業』の周辺の人々の間では，いわゆる〈読み・書き・計算〉についてのドリルの実践論が割合進んでいるように思われます。

しかし，〈身体的技能〉のドリル論はあまり聞きません。たとえば，「書き」といっても，仮名や漢字を〈覚える〉ことを目的としたドリルはやっても，〈鉛筆の持ち方はどうやって教えたらうまく身につくか〉とか，〈字を美しく書くにはどういう訓練が有効か〉といったことを研究した人々は，あまりいないのではないでしょうか。しかし，箸《はし》や鉛筆のように日常使うものでさえ，意識的に訓練しないとなかなか適切に扱えるようにならないわけですから，これらはドリル論の原点になるような問題ではないでしょうか。特に今日のような時代になると，ノーミソばかりではなく，〈手足や身体を自由に動かせる技能を高めるためのドリル〉も，かなり意識して開発する必要があるように感じます。

そうしたドリルの要素は〈遊び〉や〈ものづくり〉の中にはいくらかあるように思えますが，今やそうしたことを意識的に開発していかなければ，もう〈職人〉などは育たなくなるのではないかと，心配になります。今のような教育だけでは，今後日本の技術力は極端に落ち込むような予感がするのですが，そんなことを考えるのは，ボクだけでしょうか。

(1996.7.28)

ドリルの関連記事情報・その３

月刊『たのしい授業』に掲載されたドリル関連の記事のうち，単行本に収録されているもの（本誌掲載分を除く）をご紹介します。なお，書名は以下のように略記します。　（例）記事名（筆者名）書名－掲載ページ

板倉聖宣『たのしい授業の思想』→思想／板倉聖宣『原子とつきあう本』→原子／村上道子『ことばの授業』→ことば／『ものづくりハンドブック１，３，６』→もの１，３，６／『教室の定番ゲーム１～２』→ゲーム１～２／『たのしい授業プラン算数・数学』→算数／『たのしい授業プラン国語１～３』→国語１～３／『たのしい授業プラン社会』→社会／『たのしい授業プラン歴史』→歴史／『たのしい授業プラン音楽』→音楽（いずれも，仮説社刊）

〔世界の人口・面積・GNP〕〈世界の国ぐに〉地理唱歌（堀江晴美）社会－52／

〔日本史年表〕日本歴史年表をフリーハンドでかく法（高村紀久男）もの１－226／歴史を見る物差し（武田芳紀）もの３－294／これは便利！日本歴史略年表歴史－227／歌いながら覚える歴史唱歌（武田芳紀，松崎重広）歴史－234／「歌って調べる歴史学習プリント」で（町屋恵子）歴史－244／歌って覚える「新・歴史唱歌」のできるまで（橋本淳治編）歴史－259／「新・歴史唱歌」改定案と改題（牧衷）歴史－291

〔世界史年表〕世界唱歌（武田芳紀）…歴史－239

〔世界の国旗〕大学で世界の国旗マッキーノの授業（松野修）ゲーム２－109

〔楽譜〕ドリル，私の考え方と教え方（豊田泰弘）音楽－127

〔ビンゴ・マッキーノ〕県名ビンゴ（星野好史）ゲーム１－102／県名ビンゴのBGMはこれで決まり！（横山裕子）ゲーム２－125／〈日本列島どっこいしょ〉を使った県名ビンゴ（堀江晴美，斎藤裕子）ゲーム１－104／Mr.牧野のビンゴ講座（安井真奈美）ゲーム１－138／「教科書用語ビンゴ」のすすめ（牧野英一）ゲーム１－150／低学年は「漢字マッキーノ」（高橋俊文）ゲーム２－91／高校生も〈らくちんマッキーノ〉にはまっています（佐藤重範）ゲーム２－101／ある高校生のマッキーノ入門・出門記（牧野英一，牧野薫紀）ゲーム２－106／大学で世界の国旗マッキーノの授業（松野修）ゲーム２－109

〔英単語〕英単語ビンゴに救われました（吉野幸子）ゲーム１－154

〔「ドリルの関連記事情報・その１」は100ぺ。「その２」は184ぺ〕

たのしくドリル・マッキーノ

編集代表：板倉聖宣

2005年 11月 3日　初版1刷（8500部）
2011年 3月 20日　2刷（1500部）
2016年 6月 10日　3刷（1000部）

発行　株式会社 仮説社
〒170-0002　東京都豊島区巣鴨1-14-5　第一松岡ビル3階
Tel 03-6902-2121　Fax 03-6902-2125
E-mail：mail@kasetu.co.jp　URL = http://www.kasetu.co.jp/

印刷　株式会社 平河工業社　Printed in Japan

用紙　株式会社 鵬紙業　本文＝クリーム金毬四六 Y72.5／カバー＝OKトップコート菊 Y76.5／表紙＝片面クロームカラーホワイト菊 T125／見返し＝ベルクール赤茶四六 Y70

＊定価はカバーに表示してあります。落丁・乱丁はお取り替えします。

ISBN978-4-7735-0224-4　C0037